U0563276

文化产业与中国改革开放

孟 航 著

社会科学文献出版社
SOCIAL SCIENCES ACADEMIC PRESS (CHINA)

序

PREFACE

中国不会停留在此刻

孟　航

惯性，是自然界当中发生的规律，社会的发展也有一定的惯性。如果没有一种力量让其改变方向，社会就具有朝着原来某个轨道行驶的倾向，但是如果有一种力量足够强大，则能使社会改变前进的方向。

自秦始皇称帝，皇帝制度在中国维持了长达2000多年，到了清朝被推翻，竟然还有复辟的闹剧，可见帝制的顽固。不过，由于中国社会已经转向新的方向，故此即便是经历了军阀混战、外敌入侵以及内部不同党派之间政治力量的此消彼长之后，中国依然没有回到老路上去。

1949年之后的中国在探索中前行，如何让一个农业社会，通过工业化，进而实现现代化是摆在当时的中国人面前的历史课题。前进的道路并非一帆风顺，中国在发展当中也遭受到了一定挫折。面对风云变幻的国际局势，中国倘若不能富强起来，不能创造出新的文明，那么新的历史时期到来之时，中国在世界民族之林又该处在什么样的位置呢？

时光荏苒，1978年前后的中国，有一种力量让这个饱经沧桑的古老国家在经历了近代以来的一系列变革之后再次改变方向。正是这个被称为“改革开放”的新历史进程，让中国社会发生了前所未有的巨大变化。30 多年之后的今天，一方面，中国的综合国力有了很大提升，在国际上的影响力也有所增强；另一方面，中国社会还存在着城乡、区域发展不平衡，收入分配差距较大，环境污染较为严重等方面的问题。

不过，时间并不会停留在这一刻。历史的车轮仍然在不断向前进。中国在改革开放之中出现的各种问题，仍然需要通过深化改革去解决。

既然要改革，就不能抱残守缺。当初启动改革开放，针对的是改革开放之前的一套体制；今天再谈改革，就要直面现实，因为今天中国的社会结构已经不同于当时。在体制转变过程中可能会形成各种不合理的利益格局，比如在权力和金钱之间复杂的关系网当中，少数人通过不合法的、非正常的手段获得了远远比其余大多人更多的利益。改革的目标是消除两极分化，最终实现全体人民共同富裕。因此，在深化改革当中既要应对少数人结成联盟，形成集团之后，力图维持现状，从而对继续深化改革形成阻力；也要避免把改革朝着对少数人有利的方向推进，从而使改革误入歧途。

有人说中国的改革到了攻坚阶段，那么到底攻的是什么“坚”呢？改革当中难免要面临这样或那样的困难，应该清醒地认识到，除了某些既得利益集团对改革可能进行的阻挠或干扰之外，还有不少影响改革的重要因素，其中之一就是思想僵化。有些人得过且过，贪图眼前的一点安逸；有些人崇洋媚外，认为改革就是“西化”；有些人教条主义，不接受新思想……这些都是不能够解放思想、实事求是的表现。总而言之，缺乏的不仅是继续深化改革的勇气，更是一种切实可行、行之有效的改革思路。

如何正确认识改革开放是提出深化改革思路的前提。认识改革开放有几个基本点需要注意：一个是中国十几亿人口的生存和发展，再一个是中华文化能够延续和发展并对人类文明做出贡献，还有一个是中国对世界和平与发展的促进以及对国际公平正义的推动。要看改革开放能否在这几个方面发挥作用，怎样发挥作用，发挥的是什么作用。

在各种困难和阻力面前，改革开放当中每前进一步都需要有足够的动力，那么过去引领改革开放的动力都有哪些，下一个引领改革开放的动力又是什么，这是深化改革的设计者要思考的。

本书尝试选取一个视角来进行这样一种探索：什么是文化产业？文化产业与中国改革开放的关系何在？中国该如何发展民族文化产业？在探讨这些问题的过程中，经济、政治、文化、社会、生态等方面的一系列问题也会引发出来。如果能把一个个鲜活的案例组合起来，或许就可以描绘出改革开放那波澜壮阔的历史画卷；如果能用一种新的理论去剖析这些问题，或许中国深化改革的思路就会渐渐清晰。

不管人们是否留恋过去，旧的事物总要被新的事物所代替。不过这个过程当中会有不少曲折。当年，西方工业文明的成果进入古老的中国农业社会之时，作为一种新的事物引起了人们的好奇和争议，不过后来中国也选择了工业化的道路。虽如此，工业化给人类带来生产力提高的同时，也给人类带来了灾难，如巨大破坏力的战争、生态环境的恶化、人被更严重的异化等。也就是说，粗放型工业化的道路在今天已经成为了旧的事物。同样的道理，中国在过去的改革开放当中所采取的一些做法和方式，也不可避免地会经历从新变旧的过程，那么提出新的改革开放的思路迫在眉睫，不仅国内各界的目光注视于此，世界的目光也聚焦于此。面对这样的期待，为什么今天的中国不能通过自身的文化实践来取得开创性的成果，从而带给这个地球一份惊喜呢？

目录

Contents

第一篇 理论与方法

第一章

作为文化实践一种形式的文化产业

一　为何从实践角度来认识文化产业

几乎很难给文化产业下一个统一的定义。在不同的时代、不同的地区、不同的文化背景之下，文化产业的概念往往会有不同的解读。其实，就连“文化产业”这一术语本身也未必是一个通用的概念，因为有些国家会使用“内容产业”“创意产业”“版权产业”等相关术语。

造成文化产业多义性的原因不止一个。首先是内涵和外延不太好界定。从内涵上讲，文化产业似乎是指代一种产业形态，那自然要联想到经济问题，如果从供求关系上来讲，就牵涉到谁是生产者，谁是消费者。问题在于，文化产业本身生产和消费的是什么产品。直观的回答自然是文化产品。那到底什么是文化产品呢？由于“文化”本身就是一个含义复杂的概念，故此把哪些产品归入文化产品之列就不太容易了。可见，从产品反过来理解产业本身，这样的做法，对于文化产业来说，恐怕不是一个太明智的选择。再来看看外延，文化产业听起来像一个单数名词，其实却未必如此，因为人们常常把新闻出版、广播影视、表演服务、工艺美术、节庆会展、游戏动漫等统统纳入文化产业当中，可见文化产业又可以是一个复数名词。

除了内涵和外延之外，人们对待文化产业会有不同的态度，这也可能引起关于文化产业的争论。20 世纪中期，德国法兰克福学派的霍克海默（Max Horkheimer）和阿多诺（Theodor Wie Sengrund Adono）就在《启蒙的辩证法》当中对文化产业（或翻译成“文化工业”）进行过批判，认为文化产业是一种大众欺骗的启蒙（enlightenment as mass deception）[①]。怎样理解这样一种欺骗呢？文化产业如同工业生产一样，采用标准化的机械复制的生产方式，生产出来的文化商品是用来娱乐大众的，不过这种娱乐并不像生产者所标榜的那样让大众在劳动之外感到愉悦，而是制造出一种虚假的幻觉出来，以便使大众忘掉身处现实世界的悲惨。

20 世纪 60 年代，在英国的伯明翰大学成立了当代文化研究中心，后来围绕这个中心形成了伯明翰学派。该学派对待文化产业采取了一种积极的甚至是肯定的态度。其中有些观点看似注意到了大众的能动性，但是仔细分析起来却也能看出这些观点的历史局限性，比如把大众当成一种不稳定、流动性的群体，实际上是通过强调大众当中不同亚群体之间的利益分化，回避了大众为什么会成为被统治群体的问题；再比如认为文化产业并非等同于大众文化，大众可以根据自己的理解来编织出关于文化产品的闲言碎语，这无非

---

① Max Horkheimer and Theodor W. S. Adono, *Dialectic of Enlightment*, trans. by John Cumming, New York: Continuum, 1993, p. 4.

是说明了大众的无奈和阿 Q 精神，却掩盖了大众被排斥在文化生产之外，改变不了资本家掌控文化生产资源和社会舆论工具的真相。说到底，伯明翰学派的这些观点大多是回避了问题的实质，不难发现其中透露出的资产阶级思想和力图调和资本主义社会矛盾的用意。

由此可见，要想理解什么是文化产业，不能只是抓住名词术语去进行字面上的解释，也不能简单地根据资本主义社会某些学术流派的观点，而是要从文化产业为什么会出现、谁在利用文化产业、文化产业怎样运作等方面来寻找答案。这些问题只能是从实践当中来寻找答案。

本书提出从实践角度来认识文化产业，对于认识中国的文化产业有着重要意义。这是因为中国的文化产业和西方资本主义文化产业之间还是有一些不同点，这种差异的背后反映着不同社会人们的不同实践。当然，改革开放之后，西方文化对中国的文化产生了怎样的影响，中国的文化产业如何受到这种影响，也需要实事求是地进行分析。中国的文化产业研究在理论上还显得较为薄弱，从实践角度对中国的文化产业进行研究，有利于构建中国特色的文化产业理论。国家《文化产业振兴规划》的出台和“推动文化产业成为国民经济支柱性产业”被提出，说明发展文化产业已经被提上国家战略高度。中国有着自身的国情，只有一切从实际出发，从实践中来，到实践中去，才能为中国的文化产业探索出一条适合自身的发展道路，以此来推动改革的深化。

二　什么是文化实践

从实践角度理解文化产业的基点在什么地方？这就要从什么是

文化实践谈起。文化实践是人类围绕文化从事的各种自觉的行动，包括文化发明、文化探索、文化创作、文化争鸣、文化记录、文化整理、文化保护、文化传播、文化交流、文化传承、文化经营、文化管理等[①]。

为了能够对文化实践和文化的关系有更清晰的表达，这里不妨回到人类的童年，看看文化实践最初的情形是怎样的。文化是在人类认识自然和改造自然当中产生的，是人区别于其余动物的重要标志，比如过着茹毛饮血生活的原始人，其生活还很类似于野兽，而一旦懂得利用火来把肉烤熟，人就立刻获得了高于野兽的特点。这跟文化实践有什么关系呢？其一，从吃生肉到吃熟肉，可能是在某种偶然的情况下，比如雷击引起森林火灾，有动物被烤熟了，人恰好吃了这种肉，知道了熟肉比生肉好吃；其二，能设法取火，为了能把肉烤熟，人就必须获得火种，后来又想出办法来人工取火；其三，有了火之后，利用火来烤肉。从这样一个过程中可以发现，人慢慢积累了经验，获得了知识，这就是一种文化实践。因为人们需要了解周围的生态环境，如气候、土壤、水源、植物、动物等，于是在探索、发现自然界的规律当中通过积累形成了生态环境文化，这种文化是用来协调人与自然界之间关系的。

为了对付猛兽，人们组织起来去打猎。打猎回来，把肉烤熟之后，就牵涉到如何分配。从狩猎采集到从事农业生产或者过游牧生活，这是人类自觉地运用经验和知识来创造自身的生产生活，也是一种文化实践。因为人们需要通过各种方式来维持生存，如生产食物、编织衣服、建造房屋、制造生产工具，还需要进行产品交换、

---

① 孟航：《文化实践与民族发展——当代中国社会热点观察》，民族出版社，2012，第5页。

分配、消费等，围绕这些活动形成了生产生活文化，这种文化是用来协调社会当中的物质资源、产品与人之间关系的。

如果打到了猎物，或者获得了丰收，人们可能会庆祝，举行某种仪式，这又是一文化实践。因为人们需要按照一定的规则去进行各种活动，于是形成了一些风俗传统，如节庆、礼仪；需要确保在社会生活当中为了行动的方便，减少纠纷，使人们和谐相处，于是便制定了各种规章制度，形成了伦理道德；需要了解各种信息，进行沟通交往，便发明了语言、文字。这些可以概括为风俗习惯文化，这种文化是用来协调人与社会、人与人之间关系的。

有了收获，人们可能围在一起载歌载舞，但是猎物未必天天有，粮食也不是总能丰收，人们可能会祈求神明护佑，表现出对大自然的敬畏，这些还是一种文化实践。因为人们需要按照一定的价值取向来指导人生的方向，来抒发内心的情感，于是各种歌舞、音乐、娱乐、宗教等产生，构成了价值观念文化。这种文化是用来协调人内心世界各种心理之间关系的。

从上面的例子可以看出，人类的文化是在实践中产生的。就人类的文明史来说，过去的历史是文化的积淀，新的历史是文化的创造，这些都是通过文化实践完成的。文化实践能够满足人类的多种需求。通过文化实践，人们可以去探索宇宙的奥秘，来指导社会生产，从而满足人们对衣食住行的需求，比如人们观察天象，制定历法，指导农业生产。同样，人们也可以通过文化实践，进行文学艺术创作，生产出各种文化产品，来满足精神上的需求。文化实践能够为维持社会运转提供规范。在一个社会当中，人与人之间会建立起各种社会关系，人们的行为要符合某种准则。通过文化实践可以建立一套规范来调节社会关系，并以此影响人们的价值观念来维持该社会的正常运转。文化实践能够推动社会变革。人类社会发展到一定阶段，旧的文化已经不符合社会发展方向，面对社会当中出现的种种问题，人们用自身的文化实践创造新的文化来解决这些问题，于是产生了各种社会学说，这些文化实践成为推动社会变革的思想动力。比如，在中国的春秋战国时代，出现了百家争鸣的文化实践，各家从不同角度提出对社会人生的看法，百家争鸣推动了当时一些诸侯国进行变法改革，加速了社会分崩离析局面的结束，为封建大一统王朝的出现奠定了思想基础。再比如，欧洲的文艺复兴运动，是一场歌颂和宣传人文主义精神的文化实践，推动了人文思想的传播和科学知识的普及，为欧洲结束中世纪的神权统治，打破封建束缚，发展资本主义奠定了思想基础。又比如，19 世纪马克思、恩格斯进行创立马克思主义学说的文化实践，对资本主义社会的种种不合理制度提出了控诉，为全世界的共产主义运动和无产阶级革命奠定了思想基础。

由此可见，文化实践打上了鲜明的人类烙印，是人类在自然界生存和发展过程中的基本实践活动之一。通过文化实践，人类创造了丰富多彩的文化，并且形成了自身的文化系统。文化实践也和人类开展的另外的实践活动（如社会生产、社会交往等）形成互动。总之，文化实践是一种人之为人的类本质活动，也就是说人类作为一类物种的存在所具有的生物学之外的意义是与文化实践分不开的。

三　文化产业作为文化实践的一种形式

如何理解文化产业是一种文化实践，或者说是作为文化实践的一种形式？为了回答这个问题，就有必要先把资本主义社会当中的文化产业是怎么一回事讲清楚。因为这样一来就可以和后面本书提出的文化实践理论对于文化产业的解释做个比较。

文化产业这种社会现象出现在资本主义社会当中，跟资本主义社会本身存在的内在缺陷有关。资本主义社会有哪些内在缺陷呢？表现之一是在资本主义社会当中几乎把资本能够触及的一切领域都用价格来衡量，这里要注意的是这样一种区别，即价格并非价值。如果说土地、矿产资源、生产工具等的价格还不牵涉到人本身的话，那么劳动力的价格就跟人有关了。资本还不满足，不仅要侵入人的身体，还要侵入人的精神层面。资本主义社会当中的文化产业基本上是资本通过各种形态的文化产品和文化服务来占领大众的精神世界。

资本主义社会的内在缺陷表现之二是社会当中存在两大对立的阶级，资本家和工人。这里的工人既包括蓝领工人，也包括白领工人，有些职业经理人因为不占有生产资料，不是资本投入者，其实也是给资本所有者打工的高级工人。资本和工人之间的关系是雇佣与被雇佣、剥削与被剥削的关系。这因为如此，资本要想侵入人的精神世界就有了办法，那就是借助资本家之手。某些资本家投入资本到文化产业当中，雇佣工人来从事文化产品的生产和提供文化服务，借此获得利润。

资本主义社会的内在缺陷表现之三是人们很难找到真正的自由，因为生活在这样的社会，人要受到物的奴役，而且很难摆脱这种奴役。如果这一点不容易理解的话，那么通俗来讲就是人要受到金钱的奴役。这里的金钱不一定就是钞票，而是一种资本的符号。资本家要不断积累金钱，也就是增加资本，如果资本家经营管理不善，就有破产的风险，那可能就当不了资本家了，所以资本家要受到金钱的奴役。工人用劳动换取金钱，如果不劳动就没有工资，可能面临无法生存的风险，所以工人也受到金钱的奴役。不管是资本家还是工人，既然是人，除了经营管理和劳动之外，也要有休息时间，也要进行消费，这就给文化产业的出现提供了机会。

有了这样的三大内在缺陷，资本主义社会的文化产业就可以粉墨登场了。由于资本的控制作用，使人们处在强大的工作压力之下，故而在休息时间需要释放这种压力。资本家抓住这样的消费需求，利用资本，按照工业化的生产流程，将快餐式的文化产品生产出来，并且想方设法用这种文化产品去影响大众的消费心理和行为。大众消费者为了能在平淡的生活当中找到一种刺激，不得不接受这种所谓的“娱乐方式”，靠这种文化产品来打发无聊，填补因精神没有着落而产生的空虚感。资本家通过文化产业获得了更多的利润，而大众消费者在支付了费用并被那些文化产品或文化服务麻醉了之后，又再一次回到了现实结构当中。

由此可以看出，资本主义社会当中的文化产业，其全流程都是在一种被动的状态下运作的。文化产业的生产是为了获得利润，生产的每一个环节都是为了让消费者掏出钱来购买，这样的生产采用标准化的方式进行复制以降低成本，基本上排除了制作者在生产过程中去添加某一处自己觉得很好但却没有市场的东西，故此其生产是被动的；而产品是为了把每一个消费者变成同样的人，因为这样的文化消费不是消费者自己去抒发情感、表现个性，而是不得不接受生产者提供的内容，比如广播或电视播放的节目，只要你打开广播或电视，就是那些内容，故此其消费也是被动的。这些与文化实践是人自觉的行动背道而驰。

接着就来看看文化产业怎么成为一种文化实践。先来举几个和资本主义社会的文化产业不同的例子。比如，有一些民族民间表演是历史上传下来的，过去可能有些只是在某些仪式上才演出，或者平时表演带有一种自娱自乐的味道，而这些演出在当地几乎人人都会一点，如果其中一些演得好的人主动组织起来形成一个表演队，进行营业性演出，就可以成为文化产业的一种。这类演出操作起来相对容易，对场地、设备等要求不太高，故不需要太多资本投入。再比如，许多地方都有一些传统的手工艺体现了地方文化，这些工艺在当地一代代传下来，有专门的工匠和民间艺人，有人对这些工艺品感兴趣，购买了这些工艺品，这也可以形成文化产业的一种。如果是自己制作的工艺品来出售，这里面就没有雇佣。另外一个例子是在有些地方，群众的生产生活当中有许多传统特色文化被保留下来，比如建筑、服饰、饮食等，这些群众的生产生活场景，如果能够吸引外面的人们前来进行文化体验，那么也能形成文化产业的一种。这里面的文化产品和文化服务就是群众本身的生产生活，故而生产不是被动的，消费者前去体验就是一种参与，故而消费不是被动的，生产和消费都成为了一种自觉的行动。

在这些例子当中的文化产业都有着不同于资本主义社会文化产业的特点。这些文化产业都是从当地人们的传统文化实践转变而来，把这些传统文化实践转化为文化产业就成了一种新的文化实践。在这些文化实践中当地人们在重新思考文化的价值，发现原来文化也可以作为资源被开发利用，把自身所拥有的文化资源进行开发利用的过程也就是特色的文化产品的生产和文化服务的提供过程。这里面就体现了一种观念的更新。

一个人可以没有土地、没有资本，但可以有跟某种文化相关联的创造力，故此，每个人其实都有机会成为文化生产者。这样形成的文化产业，作为人们文化实践的一种形式，实际上是充分调动了人们的积极性，发挥了人自身的潜力。当然，这样的文化实践可以利用的手段也有很多，包括生产的组织管理、科学技术甚至金融资本。不过，和资本主义社会当中文化产业有着重要差别的地方是，把文化产业作为文化实践的一种形式，更强调人的自我实现以及由此带来的社会效益。

四　文化实践理论的分析维度

理论和方法常常是相关联的。本书既然要把文化实践理论运用到对于文化产业的研究当中，自然也要提出一些相关的分析方法。

文化实践理论可以从两大层面展开分析，一个是实践层面，一个是文化层面。对于实践层面的分析，着重点放在人自觉的行动上，包括人的所思所想，反映人是否自觉；人的所作所为，反映人的行动。对于文化层面的分析，着重点放在不同文化实践所体现的不同文化上。

文化产业作为文化实践的一种形式，在实践层面，要分析人们对文化的认识发生了怎样的转变，如何利用文化资源，如何生产文化，如何经营管理文化企业，如何实现文化和市场的对接；还要分析人们如何消费文化，如何选择文化产品和文化服务。

在文化层面，要分析文化产品和文化服务的内容、形式都发生着怎样变化，这种变化都和什么样的文化相关，把什么文化作为资源，受什么文化影响。为此，本书用三组不同的文化代表其所对应的三个维度，传统文化和现代文化代表时间维度，本土文化和外来文化代表空间维度，精英文化和大众文化代表社会维度，见图1－1。

对于传统文化和现代文化的分析，有助于看清楚文化变迁。就中国文化产业而言，这种文化变迁其实是很值得注意的，因为这是中国社会从传统走向现代的一种反映。传统文化当中有一些是历史文化，是讲述历史的，还有一些传统文化一直延续至今，不过可能在新的时代以新的形态重现展现出来。现代文化当中有一些是商业

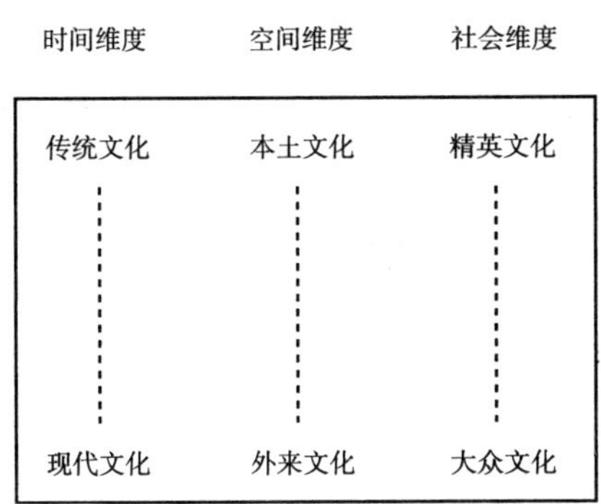

图 1－1　文化实践理论的分析维度

文化、科技文化，但是现代文化作为和传统文化相对的文化，并非就是如今社会上有的各种文化，因为现代文化有其现代性的一面，是人类发展历史当中相对晚近才产生的文化。

对于本土文化和外来文化的分析，有助于看清楚不同地域文化之间的互动。中国的文化产业发展当中有些是以本土文化资源为主，而有些却利用了外来文化，还有些直接就是国外文化产业的进入。从文化交流的角度，本土文化和外来文化之间的碰撞可能激发出火花来，但这并不是简单的中国文化企业和国外文化企业之间的竞争，而是本土文化和外来文化在市场上比拼谁更有吸引力。由于“文化是民族的血脉，是人民的精神家园”①，故此应高度关注这种较量的发展情况和引起的后果。

对于精英文化和大众文化的分析，有助于看清楚不同社会群体之间文化上的倾向性。在资本主义社会，往往把文化产业和大众文化捆绑在一起，因为精英和大众之间是割裂的，精英文化属于少数人，在资本的纽带下勾结起来的精英群体可以想办法利用文化产业

① 《关于深化文化体制改革推动社会主义文化大发展大繁荣若干重大问题的决定》，《人民日报》2011 年 10 月 26 日第 1 版。

另外编造一套文化来愚弄大众，大众实际上是在消费这种文化。在研究中国文化产业之时，要注意大众文化和流行文化、通俗文化等概念之间的区别和联系，还要注意在某种程度上发生的精英文化大众化的现象。不过，文化实践理论讨论精英文化和大众文化还可能产生一些新的观点，比如既然把文化产业作为文化实践来看待，那么这样的文化产业是否能够使大众文化向精英化迈进。

对于上述三个维度的分析，可以分开讨论，突出重点，也可以交错起来，进行综合，因为在某些文化产业的案例当中可能同时牵涉到几个维度。而且还要说明的是，这三个维度当中都需要注意区分文化精华和文化糟粕，这对理解某类文化产业的性质和社会作用相当重要。

第二章

文化产业在中国改革开放过程之中

一　文化产业与文化体制改革

文化产业在中国的大发展是与改革开放历史进程分不开的。在各类改革当中，文化产业的发展与经济体制改革、政治体制改革、文化体制改革等都有较为密切的关系。这里着重分析一下文化产业与文化体制改革的关系。

在计划经济时期，生产、分配等都依赖指令性计划，文化具有较强的意识形态属性，由国家统包统揽负责“供应”，文化行政部门和机构进行“办文化”。这种文化体制下，文化的创作和生产很大程度上为政治宣传服务，文化作品的商品属性不明显，文化的产业属性难以表现出来。文化体制改革就是要解放思想、转变观念，冲破那些妨碍文化发展的陈旧思想观念，改变那些束缚文化发展的做法和规定，对那些制约文化发展的体制性障碍进行革除，创新体制机制，转变政府职能，实现政企分开、政事分开、管办分离。文化体制改革给文化产业的发展创造了条件。

改革开放之后，对文化经营活动的限制有所松动。1979 年，在广州市的东方宾馆诞生了一家音乐茶座，这可以被看做一种新兴文化娱乐业的萌动。对文化体制进行改革也在摸索当中，某些文化事业单位进行了一些有偿服务和文化经营活动来弥补经费的不足。1987 年 2 月，文化部、财政部、国家工商局颁布了《文化事业单位开展有偿服务和经营活动的暂行办法》，明确提出“要改善经营管理，注意经济效益，在努力做好本职工作、保证完成国家规定的各项任务的前提下，发挥各自的特长和优势，利用现有的人力、物力，把无偿服务和有偿服务结合起来，积极开展‘以文补文’的有偿服务和经营性活动”。这是从政府层面对文化经营活动的认可。1988 年 2 月，文化部、国家工商行政管理局发布《关于加强文化市场管理工作的通知》（文社字［88］222 号）用了“文化市场”的概念。1991 年，国务院批转文化部《关于文化事业若干经济政策意见的报告》当中正式提出“文化经济”的概念，并且再次明确提出对文化事业单位开展“以文补文”活动予以支持。

1993 年 11 月，文化部提出了“发展文化产业”的命题。在 1996 年国务院颁发的《关于进一步完善文化经济政策的若干规定》（国发［1996］37 号）当中已经提到了“营业性的歌厅、舞厅、卡拉 OK 歌舞厅、音乐茶座”和“广播电台、电视台和报纸、刊物等广告媒介单位以及户外广告经营单位”，由此可见，虽然当时还没有直接以“文化产业”进行称呼，但是文化经济在中国已经有了一定程度的发展。1998 年，文化部成立了文化产业司，并且制定了工作规则，这是中国政府部门当中第一次设立的专门管理文化产业的机构。

2000 年 10 月，《关于制定国民经济和社会发展第十个五年计划的建议》提出“完善文化产业政策，加强文化市场建设和管理，推动有关文化产业的发展”，这是“文化产业”概念在中央文件中当中第一次被使用。2001 年 10 月，文化部制定下发了《文化产业发展第十个五年计划纲要》。

2002 年，中共十六大报告提出“一切妨碍发展的思想观念都要坚决冲破，一切束缚发展的做法和规定都要坚决改变，一切影响发展的体制弊端都要坚决革除”。在文化建设和文化体制改革部分，报告提出“积极发展文化事业和文化产业”，对于文化产业指出“发展文化产业是市场经济条件下繁荣社会主义文化、满足人民群众精神文化需求的重要途径。完善文化产业政策，支持文化产业发展，增强我国文化产业的整体实力和竞争力”。这部分关于文化产业的表述文字要和关于文化体制改革的表述联系起来看。报告指出“继续深化文化体制改革”，并且提出“抓紧制定文化体制改革的总体方案。把深化改革同调整结构和促进发展结合起来，理顺政府和文化企事业单位的关系，加强文化法制建设，加强宏观管理，深化文化企事业单位内部改革，逐步建立有利于调动文化工作者积极性，推动文化创新，多出精品、多出人才的文化管理体制和运行机制。按照一手抓繁荣、一手抓管理的方针，健全文化市场体系，完善文化市场管理机制”①。

二　文化体制改革试点工作

文化体制改革是一项社会系统工程，采取“先试点、后推广”的方法正是考虑到其复杂性、艰巨性。2003 年 6 月，全国文化体制改革试点工作会议在北京召开，确定 9 个省市为文化体制改革综

① 《全面建设小康社会，开创中国特色社会主义事业新局面》，《求是》2002 年第 22 期。

合性试点地区，包括北京市、上海市、重庆市、广东省、浙江省、深圳市、沈阳市、西安市、丽江市。35 个试点单位具体承担试点任务，其中包括了新闻出版单位、公益性文化事业单位、文艺创作演出单位、文化企业单位。

2003 年 7 月，中宣部、文化部、国家广电总局、新闻出版总署《关于文化体制改革试点工作的意见》（中办发［2003］21 号）印发，《意见》指出选择一些地区和单位进行试点是为了“在破除妨碍文化发展的体制弊端上探索新的路子，在解决制约文化发展的难点问题上取得新的突破，从理论和实践的结合上探索经验，为制定文化体制改革总体方案、进一步推动文化体制改革进行思想准备、理论准备和工作准备”。《意见》提出了文化体制改革试点工作的总体要求以及文化体制改革试点单位和综合性试点地区的主要任务，并且提出中央成立文化体制改革试点工作领导小组。

文化体制改革试点工作开展不久，2003 年 9 月，文化部出台了《关于支持和促进文化产业发展的若干意见》（文产发［2003］38 号）。《意见》对发展文化产业的战略意义、中国文化产业发展现状和问题作了阐述，提出了发展文化产业的指导思想、发展目标、基本思路和主要措施，这些措施包括推动国有经营性文化单位改革，逐步放宽市场准入政策，积极整合文化资源，用高新技术提升文化产业竞争力，实施“走出去”的发展战略，扶持发展具有示范性、导向性的重点文化产业项目，加快社会化的现代流通组织建设，抓好文化产业人才培养工作，创造良好的文化市场环境，切实加强知识产权保护工作，加强文化产业理论和政策法规研究。

2003 年 12 月，国务院办公厅发布《关于印发文化体制改革试点中支持文化产业发展和经营性文化事业单位转制为企业的两个规定的通知》（国办发［2003］105 号）。在《文化体制改革试点中支持文化产业发展的规定（试行）》当中，对财政税收、投资和融资、资产处置、工商管理、价格等方面做出了规定。在《文化体制改革试点中经营性文化事业单位转制为企业的规定（试行）》当中，对国有文化资产授权经营、资产处置、收入分配、社会保障、人员分流安置、财政税收、法人登记等方面做出了规定。两个《规定》当中政策只适用于文化体制改革试点单位和试点地区，执行期限为2004年1月1日至2008年12月31日。

2005年3月，财政部、海关总署、国家税务总局下发了《关于文化体制改革中经营性文化事业单位转制为企业的若干税收政策问题的通知》（财税［2005］1号），适用于文化体制改革试点地区的所有转制文化单位和不在试点地区的转制试点单位。三部门还下发了《关于文化体制改革试点中支持文化产业发展若干税收政策问题的通知》（财税［2005］2号），适用于文化体制改革试点地区的所有文化单位和不在试点地区的试点单位，该《通知》当中还列出了政府鼓励的文化企业范围，见表2－1。两《通知》的执行期限为2004年1月1日至2008年12月31日。

表2－1　政府鼓励的文化企业范围

序号	文化企业范围
1	文艺表演团体
2	文化、艺术、演出经纪企业
3	从事新闻出版、广播影视和文化艺术展览的企业
4	从事演出活动的剧场（院）、音乐厅等专业演出场所
5	经国家文化行政主管部门许可设立的文物商店
6	从事动画、漫画创作、出版和生产以及动画片制作、发行的企业
7	从事广播电视（含付费和数字广播电视）节目制作、发行的企业，从事广播影视节目及电影出口贸易的企业
8	从事电影（含数字电影）制作、洗印、发行、放映的企业
9	从事付费广播电视频道经营、节目集成播出推广以及接入服务推广的企业

续表

序号	文化企业范围
10	从事广播电影电视有线、无线、卫星传输的企业
11	从事移动电视、手机电视、网络电视、视频点播等视听节目业务的企业
12	从事与文化艺术、广播影视、出版物相关的知识产权自主开发和转让的企业；从事著作权代理、贸易的企业
13	经国家行政主管部门许可从事网络图书、网络报纸、网络期刊、网络音像制品、网络电子出版物、网络游戏软件、网络美术作品、网络视听产品开发和运营的企业；以互联网为手段的出版物销售企业
14	从事出版物、影视、剧目作品、音乐、美术作品及其他文化资源数字化加工的企业
15	图书、报纸、期刊、音像制品、电子出版物出版企业
16	出版物物流配送企业，经国家行政主管部门许可设立的全国或区域出版物发行连锁经营企业、出版物进出口贸易企业、建立在县及县以下以零售为主的出版物发行企业
17	经新闻出版行政主管部门许可设立的只读类光盘复制企业、可录类光盘生产企业
18	采用数字化印刷技术、电脑直接制版技术（CTP）、高速全自动多色印刷机、高速书刊装订联动线等高新技术和装备的图书、报纸、期刊、音像制品、电子出版物印刷企业

资料来源：财政部、海关总署、国家税务总局《关于文化体制改革试点中支持文化产业发展若干税收政策问题的通知》，《中华人民共和国财政部文告》2005 年第 6 期。

三　文化体制改革的推进

在已经进行的文化体制改革试点工作基础上，2005 年 12 月出台了《关于深化文化体制改革的若干意见》（中发［2005］14 号）。该《意见》指出充分认识文化体制改革的重要性和紧迫性，要勇于实践、大胆创新，树立新的文化发展观，坚持文化事业和文化产业协调发展，提出的文化体制改革的目标任务是“以发展为主题，以改革为动力，以体制机制创新为重点，形成科学有效的宏观文化管理体制、富有效率的文化生产和服务的微观运行机制、以公有制为主体、多种所有制共同发展的文化产业格局和统一、开放、竞争、有序的现代文化市场体系；要形成完善的文化创新体系，形成以民族文化为主体、吸收外来有益文化，推动中华文化走向世界的文化开放格局”[①]。该《意见》分别对推进文化事业单位改革、深化文化企业改革、加快文化领域结构调整、培育现代文化市场体系、加强和改进文化领域宏观管理等方面提出了要求，其中对文化产业的发展提出“大力提高文化产业规模化、集约化、专业化水平。培育和建设一批出版、电子音像、影视和动漫制作、演艺、会展、文化产品分销等产业基地”等内容。《意见》要求积极稳妥地推进文化体制改革，“要区别文化事业和文化产业的不同特点，以增加投入、转换机制、增强活力、改善服务为重点发展公益性文化事业；以创新体制、转换机制、面向市场、壮大实力为重点，大力发展经营性文化产业。要确保文化体制改革与经济体制、政治体制、行政管理体制改革，与国家不断完善的法律法规体系相互配套、相互衔接”[②]。

文化体制改革试点地区也在不断扩大。财政部、海关总署、国家税务总局分别在2005年、2007年和2008年分三批公布了不在试点地区的文化体制改革试点单位名单，其中在2007年还公布了新增试点地区名单，见表2－2。

表2－2　文化体制改革新增试点地区名单

省、区、市	新增试点地区
天津市	河西区　西青区
河北省	保定市　邯郸市
山西省	太原市　阳泉市　晋城市　晋中市
内蒙古自治区	包头市　鄂尔多斯市　通辽市　赤峰市

① 《中共中央国务院发出〈关于深化文化体制改革的若干意见〉》，《人民日报》2006年1月13日第1版。

② 《积极稳妥推进文化体制改革》，《人民日报》2006年1月17日第1版。

续表

省、区、市	新增试点地区
辽宁省	大连市　锦州市　葫芦岛市　鞍山市　抚顺市　本溪市　盘锦市
吉林省	长春市　通化市　辽源市
黑龙江省	哈尔滨市　大庆市　鸡西市
江苏省	南京市　苏州市　无锡市　常州市　淮安市　宿迁市
安徽省	合肥市　淮北市　芜湖市　安庆市　黄山市　蚌埠市　巢湖市
福建省	厦门市
江西省	南昌市　赣州市　萍乡市
山东省	济南市　青岛市　莱芜市　临沂市　滨州市
河南省	郑州市　开封市　洛阳市　安阳市　商丘市
湖北省	武汉市　襄樊市　黄石市　宜昌市　仙桃市　武穴市
湖南省	长沙市　岳阳市　常德市　张家界市
广西自治区	南宁市　柳州市
海南省	海口市　三亚市　文昌市　保亭黎族苗族自治县
四川省	成都市　绵阳市　雅安市
贵州省	贵阳市　遵义市　安顺市　铜仁地区　黔东南州
云南省	昆明市　大理州　楚雄州　迪庆州　曲靖市　红河州　保山市
陕西省	宝鸡市
甘肃省	兰州市　嘉峪关市
青海省	西宁市　海南藏族自治州
宁夏自治区	银川市

资料来源：财政部、海关总署、国家税务总局《关于公布第二批不在试点地区的文化体制改革试点单位名单和新增试点地区名单的通知》，《中华人民共和国财政部文告》2007 年第 6 期。

经过了 5 年的文化体制改革试点工作，在对已经实施的政策进行修订和完善的基础上，2008 年 10 月，国务院办公厅发出了《关于印发文化体制改革中经营性文化事业单位转制为企业和支持文化企业发展两个规定的通知》（国办发［2008］114 号）。在《文化体制改革中经营性文化事业单位转制为企业的规定》中，对国有文化资产管理、资产和土地处置、收入分配、社会保障、人员分流安置、财政税收、法人登记等方面做出了规定，这些政策适用于开展文化体制改革的地区和转制企业。在《文化体制改革中支持文化企业发展的规定》中，对财政税收、投资和融资、资产和土地处置、工商管理等方面做出了规定，这些政策适用于所有文化企业。两个《规定》当中政策的执行期限为2009年1月1日至2013年12月31日。

作为配套的操作文件，2009年3月，财政部、国家税务总局出台了《关于文化体制改革中经营性文化事业单位转制为企业的若干税收政策问题的通知》（财税［2009］34号），适用于文化体制改革地区的所有转制文化单位和不在文化体制改革地区的转制企业。财政部、海关总署、国家税务总局出台了《关于支持文化企业发展若干税收政策问题的通知》（财税［2009］31号），适用于所有文化企业，并列出了文化企业的具体范围。两《通知》的执行期限为2009年1月1日至2013年12月31日。

四　文化产业上升为国家战略

2009年，国家《文化产业振兴规划》出台，把发展文化产业提上了国家战略高度。《规划》指出了加快文化产业振兴的重要性和紧迫性，要求坚持走中国特色文化产业发展道路，积极推动中华民族文化繁荣发展。《规划》提出着力做好八个方面的工作，包括发展重点文化产业、实施重大项目带动战略、培育骨干文化企业、加快文化产业园区和基地建设、扩大文化消费、建设现代文化市场体系、发展新兴文化业态、扩大对外文化贸易。《规划》还提出了降低准入门槛、加大政府投入、落实税收政策、加大金融支持、设立中国文化产业投资基金等政策措施。

为贯彻落实国家《文化产业振兴规划》，文化部发布了《关于加快文化产业发展的指导意见》（文产发［2009］36号），提出了重点发展演艺业、动漫业、文化娱乐业、游戏业、文化会展业、文化旅游业、艺术品与工艺美术、艺术创意与设计、网络文化、文化产品数字制作与相关服务等，还提出了10个方面的任务，包括深化文化体制改革、鼓励非公有资本进入文化产业、培育骨干文化企业、不断延伸文化产业链、建设现代文化产业基地和园区、实施重大项目带动战略、建设现代文化市场体系、建立健全文化产业投融资体系、运用高科技促进文化产业升级、大力推动对外文化贸易。

文化体制改革也在加快推进之中。2009年8月，财政部、国家税务总局、中宣部出台了《关于转制文化企业名单及认定问题的通知》（财税［2009］105号），对哪些转制文化企业可以享受财税［2009］34号文件规定的相关税收优惠政策以及怎样进行认定做出了规定。根据这个《通知》，一些中央所属文化企业被陆续认定为转制文化企业。

2010年，“推动文化产业成为国民经济支柱性产业”[①] 被提出。2011年，到2020年的文化改革发展奋斗目标被提出，其中对文化产业提出的发展目标是“文化产业成为国民经济支柱性产业，整体实力和国际竞争力显著增强，公有制为主体、多种所有制共同发展的文化产业格局全面形成”[②]。2012年，中共十八大提出“加快完善文化管理体制和文化生产经营机制，基本建立现代文化市场体系，健全国有文化资产管理体制，形成有利于创新创

① 《关于制定国民经济和社会发展第十二个五年规划的建议》，《光明日报》2010年10月28日第1版。

② 《中共中央关于深化文化体制改革推动社会主义文化大发展大繁荣若干重大问题的决定》，《人民日报》2011年10月26日第1版。

造的文化发展环境”①。

文化体制改革推动着文化产业发展，文化产业的发展又反过来促进文化体制改革。这里把 2003～2012 年的一些文化体制改革工作相关会议列出来，见表 2－3。

表 2－3　文化体制改革工作相关会议

年份	日期	举行地点	会议名称
2003	6 月 27～28 日	北京	文化体制改革试点工作会议
2006	3 月 28～30 日	北京	全国文化体制改革工作会议
2008	4 月 10～11 日	北京	全国文化体制改革工作会议
2008	9 月 1～2 日	沈阳	全国文化体制改革试点城市经验交流会
2009	8 月 14～16 日	南京	全国文化体制改革经验交流会
2010	2 月 17～18 日	太原	全国文化体制改革工作会议
2011	4 月 30 日至 5 月 1 日	合肥	全国文化体制改革工作会议
2012	2 月 17～18 日	太原	全国文化体制改革工作会议
2012	9 月 26 日	北京	全国文化体制改革工作表彰大会

资料来源：根据各年资料整理。

到 2012 年 10 月，“全国承担改革任务的 580 多家出版社、3000 多家新华书店、850 家电影制作发行放映单位、57 家广电系统所属电视剧制作机构、38 家党报党刊发行单位等已全部完成转企改制；各省（区、市）已基本完成有线电视网络整合；全国 2103 家承担改革任务的文化系统国有文艺院团按照‘转制一批、整合一批、撤销一批、划转一批、保留一批’的改革路径，完成改革任务的院团有 2100 家，占总数的 99.86%，其中转企改制占 61%；全国 3388 种应转企改制的非时政类报刊已有 3271 种完成改

① 《坚定不移沿着中国特色社会主义道路前进　为全面建成小康社会而奋斗》，《人民日报》2012 年 11 月 18 日第 1 版。

革任务，占总数的 96.5%。全国共注销经营性文化事业单位法人 6900 多家、核销事业编制 29 万多个”[①]。

五　文化事业单位转企改制和重塑文化市场主体

文化体制改革当中提出区别对待、分类指导，文化事业单位转企改制也采取分类进行。把文化事业单位分成两类，一类是公益性文化事业单位，这类单位实行事业体制。另一类是经营性文化事业单位，如从事新闻出版、广播影视、文化艺术的事业单位。经营性文化事业单位如何转企改制呢？这也分成不同类型。那些承担重要宣传任务、政治性较强的单位，比如中央和地方的主要新闻媒体，主要是深化内部改革，但是其中一些经营服务的部分可以剥离出来转制为企业，这类转制称为剥离转制，包括新闻媒体中的广告、印刷、发行、传输网络部分，影视剧等节目制作与销售机构等。还有一些单位则整体转制成为文化企业，包括（图书、音像、电子）出版社、非时政类报刊社、新华书店、艺术院团、电影制片厂、电影（发行放映）公司、影剧院等[②]。

转制的过程大体上要先进行资产核算，进行资产评估，还要确定产权归属，进行产权登记。转制成企业，要确定由谁出资，出资人都享有哪些权利。由于企业财产的所有权和经营权分离，国家对企业国有资产具有所有权，企业行使经营权，国家和企业之间形成一定的责、权、利关系，故此要建立一种资产经营责任制，来确保

---

① 蔡武：《国务院关于深化文化体制改革推动社会主义文化大发展大繁荣工作情况的报告》，《中华人民共和国全国人民代表大会常务委员会公报》2012 年第 6 期。

② 财政部、国家税务总局、中宣部：《关于转制文化企业名单及认定问题的通知》，《中国税务》2009 年第 10 期。

国有资产的安全，防止国有资产流失。转制的企业还要进行工商登记。

文化事业单位转制成为文化企业会牵涉到一些问题，比如这类文化企业是否在一定期限内享受某些财政、税收方面的优惠政策，劳动、人事、收入分配、社会保障如何进行政策衔接，如何保障职工权益，如何妥善安排富余人员等。

文化事业单位转企改制和重塑文化市场主体是紧密相连的，因此还存在按照现代企业制度的要求，推进国有文化企业的公司制改造，完善法人治理结构的问题。对于发展文化产业来说，原来的国有文化事业单位经过转企改制，成了自主经营、自负盈亏的文化企业，就要面向市场。一旦作为市场竞争主体，也就成为文化产业的一部分。

在出版业改革过程中，2002 年 3 月 12 日，中央机构编制委员会办公室下达批复，同意组建中国出版集团。2002 年 4 月 9 日，国家级大型出版发行机构中国出版集团成立，作为事业单位。集团成立后，要想成为一个整体，就要进行整合资源、重组业务、调整结构等工作。为了加强宏观运作能力，集团的管理目标是实现三个统一，即人事统一、财务统一和资产统一①。在文化体制改革试点工作中，2004 年 3 月 25 日，国务院对新闻出版总署《关于授权中国出版集团作为集团所属成员单位出资人管理集团国有资产的请示》（新出办［2003］526 号）进行了批复（国函［2004］22 号），同意将中国出版集团转制为中国出版集团公司，进行国有资产管理体制改革试点。中国出版集团公司对所属成员单位占用的经营性国有资产行使出资人权利，进行依法经营、管理和监督，承担保值增值

① 宋晓红：《中国出版集团近期运作情况》，《中国出版》2002 年第 10 期。

责任，成员单位包括人民文学出版社、商务印书馆、中华书局、中国大百科全书出版社、中国美术出版总社、人民音乐出版社、生活·读书·新知三联书店、中国对外翻译出版公司、东方出版中心、新华书店总店、中国出版对外贸易总公司、中国图书进出口总公司。中国出版集团公司成立后，发展所需的资源和生产经营条件，凡属国家统一配置范围的，均在国家相应计划中实行单列①。2011 年 12 月 28 日，由中国出版集团公司、中国联合网络通信集团有限公司、中国文化产业投资基金、学习出版社共同发起的中国出版传媒股份有限公司成立，公司经营范围包括图书、期刊、音像制品、电子出版物的出版、发行、销售等。

2009 年 11 月 12 日，中国东方演艺集团有限公司、中国文化传媒集团有限公司、中国动漫集团有限公司成立。三个公司都是文化系统当中从经营性文化事业单位转制为国有独资公司的中央文化企业。

中国东方演艺集团有限公司是在中国东方歌舞团转企改制的基础上成立的。简要回顾其发展历程有助于理解国有文艺院团的改革。中国歌舞团组建于 1996 年 2 月，是由 1952 年 12 月成立的中央歌舞团和 1984 年成立的中国轻音乐团合并而成。东方歌舞团组建于 1962 年 1 月，其主要演员来自 1957 年在北京舞蹈学校（1954 年创办）成立的东方音乐舞蹈班，另外还从各地院团抽调了一些演员。2005 年 7 月 28 日，在原中国歌舞团和东方歌舞团基础上组建了中国东方歌舞团，其内部机制改革包括将 23 个部门划分为管理系列、艺术系列以及经营系列，将经营系列从事业建制中剥离出来，全部转制为企业。“管理人员实行以任期目标责任制为中心的

① 国务院：《关于中国出版集团转制为中国出版集团公司并授权管理国有资产等有关问题的批复》，《中华人民共和国国务院公报》2004 年第 15 期。

聘任制，艺术人员实行以艺术项目责任制为中心的签约制，工勤人员实行以服务岗位责任制为中心的合同制，事业建制内的管理人员及艺术人员实行以转岗再就业为中心的培训制”[①]。中国东方演艺集团有限公司成立后，按照企业方式来调整结构，设立业务办公室、创作中心、企划宣传中心、产业发展中心、舞美中心、培训中心等部门以及演出公司、经纪公司、出版影视公司等下属企业。在中国东方演艺集团有限公司旗下，除了中国歌舞团、东方歌舞团之外，还有东方民乐团、东方流行乐团、北京东方新大陆文化艺术有限公司、北京东方新感觉音像出版社、艺术培训学校等成员单位。

中国文化传媒集团有限公司是在中国文化报社转企改制的基础上成立的。中国文化报社 1985 年成立，是文化部主管的日报，有《中国文化报》、《艺术市场》、《艺术教育》、《文化月刊》、文化传播网（2000 年创办）等媒体。2008 年，文化部印刷厂也划转到中国文化报社管理。转企改制之后，报社的这些资源进入中国文化传媒集团。集团成立了网络中心，2010 年启用了中国文化传媒网（文化传播网）的名称，另外还创刊了《中国文化手机报》。该年，集团成立了国家公共文化发展中心，并创办了国家公共文化网。2011 年，国家公共文化网试运行，2012 年 4 月正式开通运营。集团设置了专门机构国家动漫产业信息服务平台运行管理中心，并建设了国家动漫产业网。此外，集团还有广告中心、影视艺术中心、战略发展中心、区域规划与设计中心、国家文化产业发展促进中心、国家文化市场调查评估中心、中国文化对外传播中心、中国城市文化发展研究中心、大运河文化研究中心、中国美术院等成员单位，以及一批下属企业。

---

① 刘琼：《新的国家歌舞团盛装亮相》，《人民日报》2005 年 7 月 29 日第 11 版。

中国动漫集团有限公司是在文化部文化市场发展中心、中国演出管理中心转企改制的基础上成立的。财政部作为出资人，文化部作为行政主管部门。构成企业包括中国动漫集团投资公司、北京中文发集团公司、集团动漫游戏制作公司、集团产业园区运营管理公司、集团传媒营销公司等。2010 年，中国动漫集团控股子公司中娱文化股份有限公司成立，主要业务包括动漫内容制作、生产、运营及衍生品设计、开发、推广。2012 年 6 月，中国动漫集团厦门基地在厦门软件园二期开业。

六　文化产业与对外开放

对外开放涉及许多方面，比如对外贸易、技术引进、文化交流等。对外开放对中国文化产业的发展也有重要影响。这种影响既表现在引进来的一面，如国外的文化产品进入中国；也表现在走出去的一面，如中国文化企业开拓国际市场。

深圳这座城市的成长过程见证了对外开放给中国带来的变化。从地理位置上看，深圳与香港仅一河之隔。改革开放之初，在深圳划出一定区域设置经济特区。文化产业在这样一座新兴城市是如何一步步发展起来的呢？这里来看看华侨城的例子。1985 年 2 月，国务院侨务办公室提出开发华侨城的任务。经国务院批准，该年 11 月，华侨城建设指挥部成立。1986 年 5 月，深圳市政府批准成立深圳特区华侨城经济发展总公司，1987 年 12 月领取企业法人营业执照。

华侨城要怎么建设呢？当时负责建设华侨城的香港中旅集团的一个小组在之前欧洲考察时参观了荷兰“小人国”，受此启发，想到把中国各地的一些名胜景点缩小化集中起来建设中华微缩景观。

1987年，锦绣中华破土动工。1988年，香港中旅集团和深圳特区华侨城经济发展总公司共同出资成立锦绣中华发展有限公司。1989年9月，锦绣中华试开业，吸引了大量游客，11月举行了开园仪式。接着，在锦绣中华西侧又建设了中国民俗文化村，以20多个民族村寨来展示民族文化，1991年10月建成开业。锦绣中华和中国民俗文化村在2003年合并，由锦绣中华发展有限公司进行统一管理。当时在深圳经济特区建设这样的项目，可以看做把中华文化对外进行的展示。1991年9月，锦绣中华景区推出大型演出《艺术大游行》。1994年，香港中旅集团和深圳特区华侨城经济发展总公司共同出资成立深圳世界之窗有限公司。该年6月，世界之窗开园。这个项目集中展现国外的遗迹、建筑、自然景观等，可以看做把国外的文化引入中国。

1996年，深圳特区华侨城经济发展总公司更名为“华侨城经济发展总公司”。1997年，经国务院侨务办公室和深圳市政府批准，由华侨城经济发展总公司经过重组旗下资产发起设立深圳华侨城实业发展股份有限公司。该年，华侨城经济发展总公司更名为华侨城集团公司。1998年10月，华侨城打造的深圳欢乐谷一期开园，2002年5月深圳欢乐谷二期开业。深圳欢乐谷这种主题公园当中有许多大型娱乐设施是从国外引进的。2003年9月，由华夏艺术中心（1991年成立）与华侨城国际传媒演艺有限公司（2001年成立）共同组建了深圳华夏演出有限公司，还建立了华夏文化艺术学校。深圳市作为文化体制改革综合性试点地区，2004年，深圳市文化局直属事业单位深圳歌舞团转到华侨城集团旗下，经过转企改制，注册为深圳歌舞团演艺有限公司。2004年，深圳华侨城集团公司被文化部命名为第一批“国家文化产业示范基地”。

实施文化走出去战略也是对外开放的一部分。中国在发展文化产业的过程中，如果能够把承载着中华文化的产品和服务通过对外文化贸易输出，则也是一种文化走出去的方式。在2005年出台的《关于进一步加强和改进文化产品和服务出口工作的意见》（中办发［2005］20号）当中就提到这种方式有利于让世界更加了解中国，推动中国的文化外交。而在这方面扮演着重要角色的是那些有国际竞争力的外向型文化企业。以中国对外文化集团公司（CAEG）为例，这家公司成立于2004年，是在文化部原直属事业单位中国对外演出中心（CPAA）和中国对外艺术展览中心（CIEA）基础上组建的国有企业。其中，中国对外演出中心成立于1957年，中国对外艺术展览中心成立于1950年。中国对外文化集团公司的资产与财务关系在财政部单列，组建之初主要成员单位包括19个全资企业、2个控股企业和1个参股企业，主要从事“对外文化艺术交流，组织来华或出国演出、展览、影视产品策划、设计、制作和播放，艺术品、文化用品、舞台设施、音视频设备销售，演出服饰设计、制作和销售，艺术品鉴定、销售、拍卖和复制，艺术品、文化产品进出口等业务”[①]。据报道，中国对外文化集团公司2010年“向全球40个国家和地区的130多个城市，派出演出展览项目66个，共演出5600余场，其中商业项目占58%。在海外近50个国家和地区的200多个城市，举办各类演出6000多场，商业项目超过60%”[②]。

建立对外文化贸易基地也是促进文化产品和服务出口的一种尝试。2007年4月，上海市委宣传部和浦东新区政府签署了《关于共同推进外高桥保税区文化服务贸易平台建设的备忘录》，并在9

① 国务院：《关于组建中国对外文化集团公司有关问题的批复》，《中华人民共和国国务院公报》2004年第14期。

② 廖翊：《文化贸易产品先行》，《国际商报》2012年6月25日第A04版。

月28日成立了上海国际文化服务贸易平台。该平台位于上海外高桥保税区内，由上海东方汇文国际文化服务贸易有限公司负责运营，该公司是上海精文投资有限公司与上海外高桥（集团）有限公司共同出资成立的。2011年10月27日，文化部将该平台正式命名为“国家对外文化贸易基地”，11月18日举行了揭牌仪式。2012年3月11日，在北京天竺综合保税区举行了国家对外文化贸易基地揭牌暨北京国际文化贸易服务中心奠基仪式。

第三章

中国发展民族文化产业的基本问题

一　文化产业的民族性与民族文化产业

既然文化产业是文化实践的一种形式，那么提到文化产业的民族性，还要从文化实践谈起。在文化实践当中有个体性的文化实践和群体性的文化实践之分。个体性的文化实践是个人围绕文化从事的各种自觉的行动，比如个人进行学术研究、文艺创作等。群体性的文化实践是某一个群体围绕文化从事的各种自觉的行动。人类社会当中生活在不同环境下，经历了不同历史发展过程的各个群体，通过自身的文化实践创造了具有本群体特色的文化，也形成了人类文化的多样性。这种文化特色一旦形成，就可能在该群体的心理上产生某种认同。也就是说，为维护和发展本群体的文化特色而进行的文化实践又会反过来加强该群体的意识，增强群体凝聚力。

群体性的文化实践使得某个群体与该群体的特色文化之间有着密切的关联。群体特色文化往往成为标识该群体的一种符号，用来把本群体与另外的群体区分开来。在人类社会当中，对于群体的划分多种多样，阶级、阶层是一种划分，民族也是一种划分。关于民族的含义，在不同的时代、不同的地区，人们可能会有着不同的理解，也很难给“民族”下一个统一的定义，不过文化实践在民族的形成和发展当中发挥着重要作用。一个民族在某种自然环境当中生存，要认识自然环境，在和环境之间不断进行调适的过程中产生了民族生态环境文化；在这样的环境中，该民族围绕怎样进行生产（制造生产工具、生产工艺等），如何进行生活（衣、食、住、行等）形成了民族生产生活文化；民族内部可能出现一定的分工合作，发生各种人际交往，举行各种各样的活动，围绕这些形成了民族风俗习惯文化；在和自然的调适以及社会生产生活当中，民族形成了一套关于对错、美丑、善恶等的判断取舍标准，并通过文学艺术、宗教信仰等表现出来，形成了民族价值观念文化。这些都是民族文化实践的组成部分。世界上既存在人口数以亿计的民族，还有人口数以千计或数以百计的民族，这些人口数量相差如此之大的不同民族之所以都能够存在下来，与各自较为独特的文化实践不无关系。

既然文化产业是一种文化实践，而各个民族的文化实践又有所不同，那么各个民族在发展文化产业的时候就可能产生差异。这种差异既可以表现在文化产业的发展模式上，也可以表现在文化产业所利用的文化资源上，还可以表现在文化产品和文化服务所体现的文化上。文化产业因民族不同而呈现不同的面貌，这种情况就是文化产业的民族性。

既然存在文化产业的民族性问题，那么因这种特性就引出了对于民族文化产业的讨论。鉴于“民族”概念因时代、区域不同而呈现差异性，民族形成的机理又相对复杂，对民族文化产业也可以有多种理解。本书认为，由于文化产业更具有实践性的特点，因此对于“民族文化产业”不必过分纠缠于学理上的讨论，而可以从实践的角度作出一定的解释。

当然，之所以要从实践的角度来认识民族文化产业，还有一些理论上的原因。近年来，中国学术界关于民族问题的研究自身的理论创新不足，有些学者干脆生搬硬套地把西方一些概念拿来去解释中国的民族问题，无非是想改变中国现有关于民族理论和民族政策的一些基本框架，其背后带有这些学者自身所向往的社会运行机制，牵涉到对所谓不同社会背景下关于自由、平等、人权等核心理念的不同理解。但请不要忘记民族问题的长期性、复杂性，更要注意中国民族问题的现实性，这个现实性既有历史的延续性，也有历史的继承性。进一步说，就是在进行理论研究、制定政策的时候，必须从摆在眼前的现实出发。那些不顾现实，企图超越当前条件，并且是基于外国理论提出的所谓思路、理论、政策不仅不会淡化中国各民族成员的民族意识，还可能会对民族关系造成一定负面影响，对社会发展起到阻碍的作用。

提出从实践角度来认识民族文化产业，一个重要的原因就是要尝试改变这样一种“不切实际”的学风。中国的民族问题有其自身特点，国外的民族理论未必适合中国国情。一些中国学者对西方的（或者别的什么地方）民族理论或名词似乎特别有“亲切感”，从务实的角度来说，与其耗费那么多精力去充当这些理论的代言人、转述者、鼓吹者，倒不如踏踏实实地看看中国自身的社会实践，想想中国各民族的群众真正需要什么，提出点切实可行的建议来，这才是中国学者义不容辞的责任。要做到这些，关键是从中国的国情出发，从中国的实际出发，在实践当中发现问题，为各民族的发展出谋划策，让各民族的群众得到真正实惠。

从实践角度来认识民族文化产业，非但不是反对理论的探讨，相反是十分重视理论的构建。不过，中国发展需要的是务实的理论，这种理论要朝两个方向，一个是要向上，也就是站得高，有前瞻性；另一个是要向下，从实践中来，到实践中去，经受住实践的检验。

二　民族文化产业的外延和内涵

“民族文化产业”究竟是怎样的？从外延上说，民族文化产业的指代范围很宽泛，可以被看做世界上各种被称作“民族”的群体所进行的文化产业。从中国社会的角度来说，在中华民族的层次，民族文化产业实际上是相对于外国文化产业而言的；而在各个民族的层次，民族文化产业则是指中国各民族所进行的文化产业，既包括汉族的文化产业，也包括少数民族的文化产业；还有一种情况就是在中国实行民族区域自治制度的条件下，民族文化产业也可以被指代民族地区的文化产业。

表面上看，这种划分方式似乎挺复杂，但是这里面就没有使用今天西方有关民族问题的另外一些热门概念。原因其实很简单，意在说明这种多层次的民族观恰恰是中华文化的精华所在，不仅是解决中国民族问题的一种独特思路，也有利于今后中国新的民族发展模式的构建。

需要指出，各民族之间的文化交流在所难免，一个民族也可能会吸收别的民族文化当中的有益部分。发展民族文化产业的重点并不是在各个民族的文化之间划分一条清晰的界线，而是指各个民族对于本民族的文化有一种自觉，树立自信心，然后通过文化实践去发展本民族的文化。

上述对民族文化产业所做的定义，可能更多地展示了民族文化产业的外延，而如果要全面理解“民族文化产业”的概念，还需要进而分析其内涵，这不仅要考虑在民族文化产业当中利用的是什么资源，发展的是什么性质的经济等，还要结合这一概念所针对的国家、地区的情况进行具体分析。

文化产业提供的是文化产品和文化服务，而制作文化产品和进行文化服务需要在文化资源的基础上进行创意加工。从内涵上说，民族文化产业是通过保护、开发、利用等方式把民族文化资源转化为民族文化产品和服务的过程，主要利用的文化资源是民族文化。

民族文化是各民族在历史过程中形成的具有本民族特点的文化形态。民族文化是通过民族的文化实践创造出来的，具有实践特性。为了理解民族文化的形成发展过程，可以采用一种动态的划分方式，把民族文化划分成民族生态环境文化、民族生产生活文化、民族风俗习惯文化、民族价值观念文化等。对于现有的民族文化，为了方便理解民族文化资源，则也可以采用一种静态的划分方式，把民族文化划分成物质文化（民族生产工具、民族建筑、民族服饰、民族手工艺品等）和非物质文化（民族文学、民族音乐、民族舞蹈、民族节庆等）。

需要注意的是，不能简单地把民族文化产业和民间文化产业或民俗文化产业等同起来，因为民族文化产业既可以是对民间文化资源或民俗文化资源进行开发展示，也可以开发利用古典文化资源、主流文化资源。

在民族文化产业当中会呈现多种文化面貌。第一类是基本保留传统文化形态或接近传统文化形态。第二类是对传统文化进行挖掘整理，但是在现代新进行编排创作的。第三类是取材于传统文化，但是却借用了外来的表现形式，这也说明了民族文化产业并不是不能进行一定程度的包装。

就文化特色而言，如果从中外对比来看，民族文化产业体现的则是中国特色和中华文化。如果从中国各个民族来看，民族文化产业体现的是民族特色、地方特色。

民族文化产业还与民族的传统经济形态相关，比如一些民族由于生存环境的影响形成了一定的传统生产方式，在这种生产方式下又形成了一定的生产生活文化。有些民族从事茶业生产，这些民族就可以发展茶文化产业；有些民族利用竹子、藤条等进行竹编、藤编等手工业生产，这些民族也可以因此而把这种传统手工业发展成为民族工艺品产业。

三　民族文化产业与中国文化产业的西部模式

“中国文化产业的西部模式”是在中国西部地区文化产业发展若干模式的基础上进行的理论提升，是对中国西部地区文化产业发展情况的总结。这个模式在发展基础、发展路径、产品特征、依赖人群等方面都呈现一些区别于中国东部地区的特点，是一种发展中国家或欠发达地区文化产业的发展模式。正是由于有了中国文化产业的西部模式，形成了中国文化产业东西部两种模式齐头并进的发展态势，才使得中国文化产业在发展当中更能适应区域性发展不平衡的情况①。

为什么会提出“中国文化产业的西部模式”呢？一个重要原因就是要向世界表明文化产业发展并非单一模式。最初动因就是因为认识到文化产业“西方模式”的局限性，看到在不合理的国际

① 孟航：《中国文化产业的西部模式》，云南大学出版社，2011。

分工体系之下，发达国家的文化产品输出对发展中国家的文化市场造成的冲击，单纯采用“西方模式”发展本国文化产业会使发展中国家处于国际竞争的不利位置。在一些具有不同社会和文化背景的非西方国家和地区，未必一定要采用这种模式来发展本国的文化产业。对于中国来说，了解国外文化产业的发展模式固然可以为发展文化产业提供参考和借鉴，但不能一味照抄照搬。

民族文化产业和“中国文化产业的西部模式”之间是一种怎样的关系？从世界范围来看，不同国家的国情差异、不同民族的发展差异决定了在发展文化产业的过程当中需要根据本国、本民族的实际情况来选择适合的发展模式。中国属于发展中国家，站在中华民族的层次，民族文化产业就代表了具有中国特色的文化产业。“中国文化产业的西部模式”恰恰就是从中国人民的文化实践当中创造出来的，利用了中国的历史文化、地方文化、民族文化、生态文化等特色文化资源，因而就属于民族文化产业。

站在中国各民族的层次来看，少数民族的文化产业、民族地区的文化产业可以看做为“中国文化产业的西部模式”这样一种文化产业理论进行的支撑。西部地区是中国少数民族的集中之地。从民族自治地方的来看，截至2011年，全国有5个民族自治区，都在西部地区；有民族自治州30个，其中西部地区有27个，占总数的90%；有民族自治县（旗）120个，其中西部地区有83个，占总数的69.2%。2011年，全国民族自治地方的少数民族人口为8923.86万人，其中西部地区民族自治地方的少数民族人口为7735.79万人，占总数的86.7%[①]。故此，少数民族的文化产业、民族地区的文化产业又是西部地区文化产业发展的重要形式之一。

---

① 中华人民共和国国家统计局编《中国统计年鉴－2012》，中国统计出版社，2012。

这些文化产业不仅影响着当地各民族文化的发展，而且也对少数民族或民族地区的经济社会发展起到推动作用。西部地区的各族人民已经根据本地的情况，在实践当中摸索出了一些发展民族文化产业的经验，有些既能体现因地制宜，又能体现当地民族的特点。

四　中国发展民族文化产业的基础

中国发展民族文化产业的基础在哪里？从中华民族的层次来看，中国作为文明古国，中华文化源远流长，并绵延至今，这是文化生命力的体现。具有生命力的文化也往往能够向外辐射，这是历史文化在对外文化交流当中发挥着极其重要作用的原因，许多外国游客到中国旅游是出于对中国悠久历史文化的向往。中国幅员辽阔，各地方在特定的区域内形成了特色鲜明的地方文化，这是文化创造力的体现。地方文化是展示地方形象的窗口，是地方经济社会发展当中的宝贵财富。中国作为统一的多民族国家，各民族在发展当中形成了各自的特色传统民族文化，成为维系该民族生存的精神支柱，这是文化凝聚力的体现。中华民族的形成实际上代表着各民族在更高层次上的共融，能够实现休戚与共，其中文化的价值突显。中国的传统文化当中注重人与自然的关系。人类是大自然的创造，而文化是人类的创造，文化的出现在人与自然之间架起一道桥梁，增强了人对自然的适应性，这是文化协调力的体现。生态文化当中蕴含着人与自然如何和谐相处的道理，使得文化的范围得以从人类社会扩展衍生到自然层面。这些构成了中国发展民族文化产业的文化基础。

从民族地区来看，民族自治地方是否具备发展民族文化产业的基础呢？经济发展情况方面，民族自治地方的地区生产总值已经从

1995年的4901亿元增加到2011年的48296亿元，见图3－1；人均地区生产总值已经从1995年的3055元增加到2011年的27519元；全社会固定资产投资总额从1995年的1444亿元增加到2011年的35381亿元；地方财政收入已经从1990年的167亿元增加到2011年的4287亿元。经济的快速增长为民族文化产业的发展提供了经济基础。

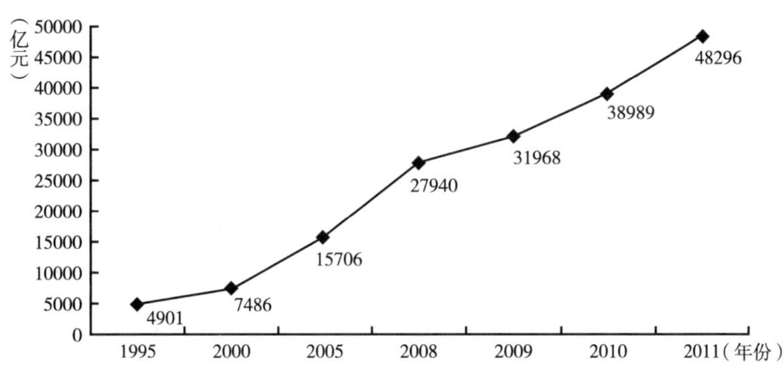

图3－1　民族自治地方地区生产总值变化

资料来源：《中国统计年鉴－2012》

在出版方面，民族自治地方的图书出版已经从1990年的30166万册增加到2011年的49303万册，杂志出版已经从1990年的7866万册增加到11091万册，报纸出版已经从1990年的79120万份增加到2009年的171833万份。在教育方面，民族自治地方普通高等学校在校学生数已经从1990年的13.6万人增加到2011年的165.9万人。在国际旅游方面，民族自治地方的国际旅游人数已经从2000年的348万人次增加到2011年的1167万人次，旅游外汇收入已经从2000年的8亿美元增加到2011年的40亿美元[①]。这些为民族文化产业的发展分别提供了信息、人才、消费市场的基础。

---

① 中华人民共和国国家统计局编《中国统计年鉴－2012》，中国统计出版社，2012。

五　发展民族文化产业和民族文化的关系

发展民族文化产业需要充分考虑各民族的文化特点，这就需要对民族文化产业与民族文化之间的关系有更加深入的认识。

经济全球化带来的强势文化的影响，给民族文化的发展带来了一定的冲击，在这样的背景之下，发展民族文化产业是应对这种冲击的一种手段。这是因为民族文化是在民族形成过程中和形成后经过长时间积累下来的，在民族的心理层面发挥着重要作用，这可以看做民族过去进行文化实践的结果。发展民族文化产业是把民族文化推向市场的重要手段，是对民族文化的保护、开发、利用过程，这可以看做民族在当代进行的新的文化实践。

民族文化作为一种文化资源，通过开发利用成为发展民族文化产业的文化基础之一。在发展民族文化产业当中，一方面是对传统民族文化的展示、体验，在这个层次上需要的是对那些还保持着传统风貌的民族文化加以保护、传承，使之能够延续下去；另一方面是对民族文化的加工，如进行民族工艺品、民族演艺产品等的生产，在这个层次上需要的是对民族文化的进一步发展，通过增强创意对民族文化进行创新。

从转变经济发展方式的角度能够更好地理解民族文化作为文化资源的意义。当代的中国，在过去粗放型发展模式下，高速的增长是建立在大量能源、矿产资源被消耗的基础上的，如今许多地方已经出现了资源枯竭，国家发改委等部门已经公布了几批资源枯竭城市名单，许多自然资源的不可再生性已经成为中国经济发展的瓶颈。但是回过头来看文化，就会发现以文化作为资源，是可以被不断创造的，依赖的是人的创造性。中国的民族文化资源十分丰富，各个民族都创造了多彩的民族文化，故此以民族文化资源为依托发展民族文化产业，是调整经济结构的重要手段，这种思路就是从资源消耗型发展到资源再造型发展的转变。

有人认为民族地区发展文化产业会导致传统民族文化的流失，甚至可能破坏民族文化，这种观点应该说有些保守和片面。民族文化是一种动态的、发展的文化，随着时代的变迁，技术的改变，民族文化当中有的部分可能会被淘汰掉，有的可能失去实用价值，而仅保留其审美价值，还可能会出现新的文化内容。

在发展民族文化产业的过程中，一方面是本民族成员对本民族文化的选择，认识清楚哪些民族文化需要保护、哪些民族文化可以转化成文化产品、哪些民族文化最能够表现本民族的特点等，这有利于提高本民族成员关心本民族文化的意识，增强民族自信心；另一方面是各民族成员之间的相互文化选择，一些优秀的民族文化通过转化为文化产品和文化服务而赢得了市场的青睐，体现了民族文化作为一种文化资源的价值，这有利于各民族之间进行文化交流，相互学习和借鉴，吸收别的民族文化当中的优秀部分。

六 发展民族文化产业与民族地区经济社会发展的关系

如果要促进民族文化产业的发展，还需要对发展民族文化产业与民族地区的经济社会情况之间的关系有更深入的认识。

当代中国，特别是民族地区，还处在城镇化的快速推进当中，新的经济形态对传统民族经济有很大的冲击，那么在产业结构调整当中民族经济该怎么发展呢？比较理想的办法不是把民族传统产业丢掉，完全发展新的产业，而是在原有产业的基础上增加新的内容，使之转型升级，比如过去各种各样的民族传统家庭副业，经过引导，可以向现代工业、服务业转变。从经济形态的角度来看，发展民族文化产业是利用民族文化资源来带动少数民族经济或民族地区经济发展的新经济形式，有助于民族传统产业的转型升级。

发展民族文化产业给民族地区的人们带来新的生产生活方式，比如一些民族村镇成为进行民族文化体验的热点，当地的一些民族家庭依靠民族文化产业的带动，成为餐饮、住宿、购物、表演等的接待户；再比如一些地方组织当地群众进行民族工艺品制作技术的培训，使得他们增加了劳动技能，有效利用了闲暇时间。这样发展民族文化产业就成为促进各民族的群众增收致富、转移剩余劳动力的一种新途径。举例来说，新疆木垒哈萨克自治县发展哈萨克民族刺绣产业，“2012 年，全县刺绣人员达到 5000 多人，占到哈萨克妇女劳动力的 65%，集中刺绣人数达 1780 人；通过开展技能培训，不断提高刺绣工水平，增加产品单位价格，使刺绣工人均年收入达到 8000 元；刺绣业在全县农牧民人均增收中占到 316 元，总产值达 8000 万元”[①]。

发展民族文化产业还会影响到新农村建设、小城镇建设等，有的民族地区为了能够吸引更多外来游客，对当地的道路、电力、卫生等基础设施进行改造；有的地方通过发展民族文化产业，增强了当地群众环境保护的意识，而民族地区面貌的改变，基础设施条件的改善，又能反过来促进当地民族文化产业的发展。

① 《木垒县民族刺绣产业发展情况汇报》，http://www.mlx.gov.cn/10033/10546/2013/45600.htm。

七　发展民族文化产业不能“因噎废食”

任何事物都有有利的方面，也有不利的方面，特别是在民族文化产业发展的初期，往往存在很多争议。比如有些地区在发展民族文化产业的过程中，会引起政府、企业、当地群众等各种利益相关群体之间如何分配利益的问题①。民族文化产业发展牵涉到对于当地文化资源的开发利用，民族文化产业的发展规划如果没有当地群众的参与，则可能出现利益分配失衡的情况，那么该如何看待这种情况呢？这还得回到现实当中，看看民族文化产业这种文化实践的社会作用到底是什么。

民族文化在乡村具有浓厚的群众基础，一些少数民族聚居的村寨，根据自身的优势发展民族文化产业，形成了各具特色的民族文化产业村，形成“一村一品”的情形。在村子当中发展民族文化产业，吸收本村和周边的群众参与，拓展其就业渠道，增加其收入，容易调动村民的积极性。在中国广阔的土地上，许多民族村具备发展民族文化产业的基础，因而有着普遍意义。

当前各地在发展民族文化产业当中所出现的各种与利益分配相关的问题，恰恰说明这种产业形式在当前的中国还属于一种新生事物，许多地方的群众对文化产业还没有一种清晰的认识，在实际运作过程中也缺乏相应的咨询、评估、法律、策划等专业性的服务。对于现有的种种困惑，不管是学者还是媒体，更应该想出对策，应该允许一种新生事物成长，特别是应该多采取正面的宣传和引导，

---

① 国际行动援助中国办公室编《保障弱势群体的公平受益：云南 6 个少数民族自治县文化产业化过程的利益分配问题研究报告集》，知识产权出版社，2009。

不能因为某些操作层面的问题而丑化民族文化产业，也就是说发展民族文化产业不能“因噎废食”。

实际上，在各地的调研当中可以看到蕴藏在民间的智慧。民族文化产业立足于广大群众的文化实践，其产业形式往往是出自群众的自发创造，具有巨大的发展潜力。

第二篇

类型与模式

第四章

文化产业划分的文化实践本质

一　对于民族文化产业类型和模式的划分

发展民族文化产业可以有多种形态。当前许多地方从本地情况和民族特点出发，因地制宜地发展适合本地或本民族的特色文化产业。根据民族文化在其中的不同利用方式，大体可以把民族文化产业分为如下五种类型，即本地型民族文化产业、输出型民族文化产业、平台型民族文化产业、创意型民族文化产业、综合型民族文化产业。

在本地型民族文化产业这种类型当中，主要是以民族文化的展示、体验作为消费的内容，多与旅游相结合，大到民族文化体验园，小到民族家庭的生活体验等。

在输出型民族文化产业这种类型当中，主要是以民族文化产品和文化服务的输出为主，包括民族工艺品、民族服饰、民族美术产品、民族演艺等。

在平台型民族文化产业这种类型当中，主要是为民族文化产品或文化服务提供展示、交易的平台，比如在传统民族节庆基础上举办的各种文化节、以民族文化为主题的会展、大型的民族文化市场等。

在创意型民族文化产业这种类型当中，民族文化作为基本元素经过了创意加工，形成新的文化产品，比如依托民族文化进行的出版、影视、动漫、游戏等文化产品的开发。

在综合型民族文化产业这种类型当中，围绕民族文化进行多类民族文化产业的组合，既有在本地建设的民族文化体验园、体验区，又进行相关民族文化产品的开发，并且在发展民族文化产业的同时向相关产业拓展，如反映民族文化的传媒、广告，具有民族文化风格的地产、酒店等。

实际上，在这五种类型之下又可以细分出多种模式，比如民族文化体验模式、民族工艺品模式、民族演艺模式、民族节庆会展模式、民族文化市场模式、民族文化创意模式、民族文化产业园区模式等。

从上述对民族文化产业类型和模式的划分当中，虽然可以清楚地看到民族文化是如何被开发利用的，但是却引出了另外一些问题：到底这些不同的文化产业类型和模式是怎样产生的？各个文化产业类型和模式之间有什么样的联系？既然文化产业当中有这样多的类型和模式，那么文化产业的内在统一性在哪里？为了能够更好地回答这些问题，就需要回到文化实践的理论中来。

二　从文化实践看文化产业的类型和模式

文化产业的类型和模式多种多样，对于文化产业的分类不能盲目、随意，除了要找到某种根据之外，还要有一定的理论作为支撑。当把文化产业看做文化实践的一种形式的时候，就可以运用文化实践的相关理论对其进行分析。

从文化实践看文化产业的不同类型和模式，其根本点是抓住文化实践的本质，即人们围绕文化所从事的各种自觉的行动。文化产业的各种类型和模式都可以归结到人们如何认识文化，如何把这种认识转化为自觉的行动。

人们往往对本地文化较为熟悉，而非本地的人就可能不太了解这种文化，而且离得越远就可能越觉得陌生。如果把“本地文化”的含义进行放大，就会发现“本地文化”不单单可以指代某个地方的文化，也可以表示人们接触较多的文化，而距离既可以是物理距离，也可以是心理距离。通常人们会对自己较为陌生的文化产生好奇感。由此看来，本地型文化产业其实是有些人认识到文化和距离之间的关系，抓住人们想要去体验远方文化或陌生文化的心理，想办法把这样的一类文化展示出来。

经商的一种方式是把某个地方的东西销往另一个地方，然后赚其差价。这其中有些时候是因为某地出产一些货品，而另外的地方却不出产这些货品，这样就可以把这些货品运到那些不出产的地方。由于各地方的文化之间存在一定的差异性，故此可以把某个地方的文化产品和文化服务输出到别的地方。输出型文化产业其实是有些人认识到文化产品和文化服务也可以作为商品来销售，可以实现从一地到另一地的移动，故而想办法将某种文化产品生产出来或提供某种文化服务。

人们生活在文化当中，可平时人们却往往并不太注意，但是如果专门在某个时间、某个地方，以某种文化为主题举办各种活动，或是把各种文化产品集中起来进行展示，或是提供某个场所方便人们进行文化交易，这些方法就可能让人们去关注相关的文化产品和文化服务。平台型文化产业其实是有些人认识到在文化生产者和文化消费者之间架起一座桥梁的重要性，然后创造出某种文化平台来。

文化不是一成不变的，人们可以不断创造出新的文化来。创造新的文化可以在原有文化的基础上进行，但是如何创造却需要某种想法，这就是所谓的创意。有了创意，人们就可以对文化资源进行整理、加工。创意型文化产业其实是有些人认识到文化有多种表现形式，可以通过创意生产出文化内容，然后再通过某种媒介表现出来。

在文化经营当中，人们从文化产业某一种类型出发，然后逐渐加入别的文化产业类型，当把不同的文化产业类型综合起来的时候，就可以形成综合型文化产业。

文化的生产和创造是一种文化实践，而将其变成文化产业则又是一种文化实践。人们对文化认识不同，采取的行动也有所不同，故而形成了文化产业的各种类型。如果对各种类型再进一步分析就会发现，人们的文化实践逐渐形成了某些套路，也就是说在行动的时候大体上可以按照这些套路来进行，这就是文化产业的各种模式。不过模式本身是一种理论对实践的归纳，在各个模式当中，人们的具体行动还可能会有许多细微区别，造成这些差别的一个原因是行动所指向的文化不同。

三　分析逻辑：如何研究文化产业模式

本书将重点分析如下的一些文化产业模式，包括文化体验模式、工艺品模式、演艺模式、节庆会展模式、文化市场模式、文化创意模式、文化产业园区模式。

在分析当中，先从每个模式当中的文化实践入手。需要指出，这一部分的文化实践分析对应的是文化产业模式本身，也就是前面所说的套路。这种分析能够从概括的角度把某种文化产业模式提炼为几个总体行动，比如在文化体验模式当中，进行文化体验就是一种总体行动。谁在进行文化体验？显然是文化消费者。那么作为文化产业经营者的总体行动就是要为这种文化体验提供一个文化空间。总体行动具有简明清晰的特点，用总体行动来表述文化产业模式，就能较为直观地反映这种模式的基本形式。

清楚了每一种文化产业模式的基本形式之后，接下来就要看在操作过程中人们是如何行动的了。这就相对比较复杂了。为了对文化产业模式进行更加深入的分析，就要引入不同的案例。对于这些案例所做的文化实践分析对应的是某种文化产业模式当中人们具体的行动，这就会牵涉到不同的文化。人们利用的文化资源不同，就可能生产出不同的文化产品，提供不同的文化服务。文化生产者要想办法把这些文化产品和文化服务推向市场。消费者则根据自身对文化的理解和喜好进行选择。

在各个案例当中，实践层面的分析和文化层面的分析往往是交织在一起的。在这之后，还要回到文化产业模式本身进行更深入的文化层面的分析，主要从传统文化和现代文化、本土文化和外来文化、精英文化和大众文化所代表的三个维度来进行。这种分析对于思考如何发展民族文化产业很有帮助。

由于本书关注文化产业和中国改革开放的关系，故此在分析过程中选择的文化产业案例，基本上是发生在中国改革开放之后，可以说每一个案例都反映了改革开放当中的某一点。把每个文化产业模式当中的案例联系起来，就能够说明各个模式当中文化在不同维度上的表现。按照这种方法，在分析完了各个文化产业模式之后，就能够对中国改革开放之后的文化情况有一定的认识和了解，而这种文化情况又能够揭示改革开放当中人们到底进行了怎样的文化实践及其社会影响。

第五章

文化体验模式：文化空间的创造和转化

一　文化体验模式中的文化实践

在文化产业当中，文化体验模式的基本形式是提供一种特定的文化空间，让消费者能够进入这个空间当中，通过观看、参与等经历获得对该文化的一些感受。对于文化空间的提供方来说，得到收入的方式包括门票销售，与主题文化相关的商品销售，提供相关演出、餐饮服务等。对于进入文化空间的一方来说，除了付出门票费用之外，还可能为使用某些额外收费的娱乐设施、观看演出、购物等付费。

既然文化体验要在特定的文化空间当中，那么这个文化空间就要形成某种文化氛围，比如以特定的标识性景观表现出来，或者以在其中生活的人们的各种活动表现出来。这里要注意的有两点，一是文化空间本身，二是人们如何开发利用文化空间供消费者进行文化体验，从而形成文化产业的一种模式。

文化空间实际是人创造出来的，创造文化空间也是一种文化实践。不同文化空间创造出来的目的不一定相同，有些文化空间的创造并不是为了发展旅游或文化产业，而有些文化空间是专门为发展旅游和文化产业而创造的。故此在文化体验模式当中，有的是利用现有的文化空间，有的是把某些已经成为废墟的文化空间重新恢复，有的是把某一种类型的文化空间转化成另一种类型的文化空间，有的是人们根据某种文化主题新造出来的文化空间。

关于文化体验模式的另一个重要问题是消费者为什么要进行文化体验？这可以用文化实践的理论进行解释。因为体验本身就是一种在实践中对事物获得认识的方式。古语有云："百闻不如一见"，这就是说对于事物只是听别人讲不如亲眼看到那样会产生一种直观的感受。古诗曰："纸上得来终觉浅，绝知此事要躬行"，是在讲如果要更清楚、更深入地了解事物，最好去亲自做一做。人们之所以要进行文化体验，一个重要原因是想通过亲自尝试一下，来获得对某种文化的感受。还有一个重要原因是在文化体验模式中，不同文化的差异性是吸引消费者的关键点。不同的文化实践可以创造不同的文化。人们通常生活在一定的地域之内，接触到某个领域，因此对别的地方的文化不了解、不熟悉。不同文化之间有的差异性较大，人们会产生体验另一种文化的心理，如果有些企业或个人抓住人们的好奇心，通过转化、建设等方式把某些文化空间变成文化经营场所，供人们进行体验，就满足了人们想体验异文化的需求。

文化体验模式是在文化产业和文化旅游的互动融合当中产生的。这种模式将人文景观的观光、民族风情的展示、民俗生活的体验结合起来，其规模不等，灵活多样，从民族家户到民族村寨，从成片村庄联合成景区到大型的文化体验公园，各种文化资源被充分挖掘利用。这里通过一些例子对人们如何转化、建设不同文化空间的文化实践加以分析。

二　历史或现实场景的转化

文化空间与人类的活动相关联。人们的社会生活也会形成某种文化空间。历史上，人们生产生活形成的某些文化空间现在可能不再使用，那么把这些遗留下来的场景进行转化，供当代的人们进行体验，就成了现在的文化空间。举例来说，山西灵石县静升镇王家大院过去是当地王氏家族的生活居住场所，经过多代人不断建设，形成了一定的建筑规模，总面积达 25 万平方米，由若干城堡、巷子、祠堂等组成。现在开放了红门堡、高家崖等建筑群作为民居艺术馆。这个大院提供了一个可以用来体验山西传统民居建筑文化的空间。进入园内能够对整个建筑的布局、功能以及室内家具有一定的认识，想象过去居住在这里的人们是如何生活的；从院内的楹联匾额以及木雕、石雕、砖雕上面的图案当中体会当时人们的伦理道德规范、审美情趣和精神追求。

有些文化空间从形成开始到今天仍然在使用，对于这种情况，可以将这些当地群众的生产生活场景在保护的基础上进行景区转化。贵州黔东南苗族侗族自治州雷山县西江镇的西江村，由原来的 4 个行政村合并而成，下面包括若干个自然村寨，该村村民当中绝大多数是苗族，故此又称“西江千户苗寨”。当地保留着大规模的苗族传统吊脚楼建筑，加上村民至今还在那里生产生活，故此形成了一个体现苗族文化的文化空间。当地村民办起了“家庭博物馆”，把苗族服饰、银饰、刺绣等工艺品，还有一些传统生产工具展示出来[①]。

① 周潼潼：《“千户苗寨”家庭博物馆兴起》，《人民日报》（海外版）2009 年 5 月 2 日第 1 版。

2005 年 11 月，“中国民族博物馆西江千户苗寨馆”在该地挂牌。2008 年，当地修建了铜鼓坪、步行街、风雨桥、观景台等。2009 年 4 月，西江千户苗寨开始收取门票，进行较为规范的景区文化产业营运工作[①]。

进行场景转化，不仅是把文化空间简单地变成景区，提供若干配套设施。由于人们的活动是文化空间的组成部分，故此如果要想消费者能够更好地进行文化体验，还要将群众自身生活转换成文化服务。云南红河哈尼族彝族自治州元阳县新街镇土锅寨村委会的箐口村是一个哈尼族聚居的村子，该村凭借哈尼梯田景观发展以哈尼族文化体验为主的民族文化产业，村里面建起了哈尼族文化陈列馆，办起了哈尼族农家乐和蘑菇房旅馆，成立了哈尼族歌曲队，开办了哈尼服饰和哈尼族工艺品经营店铺，让游客可以充分领略哈尼梯田文化和哈尼族的民俗文化。

文化空间有大有小，提供的文化服务也有多有少，如果形成一个较大的文化空间，并进行较为专业化的开发，那么消费者就可以进行更多的文化体验。云南省西双版纳傣族园位于澜沧江下游橄榄坝（傣语称勐罕），距景洪市 28 公里，1999 年 8 月正式开园。2001 年，傣族园成为国家 4A 级景区。傣族园主要由勐罕镇曼听办事处的曼将、曼春满、曼乍、曼嘎、曼听 5 个傣族村寨构成，这个 5 个村寨共有 300 多户人家，1000 多人。另外，傣族园内还有曼春满佛寺、曼听白塔、塔包树、孔雀园、公主井等景点。

西双版纳傣族园在旅游当中推出以民族文化体验为主的文化产品和服务。如果根据旅游者的参与程度划分，可以把傣族园当中的

---

① 王瑛、杨志刚：《从四月一日起西江千户苗寨将收取门票》，《贵州日报》2009 年 3 月 30 日第 8 版。

民族文化体验分为两个层次。第一个层次是对傣族历史、生产、生活、民风、民俗、艺术、宗教等文化的展示。傣族园内有保存较为完好的杆栏式竹楼建筑，使游客能够了解傣族的建筑文化；傣族园内建了勐巴拉娜西歌舞剧场，组建了勐巴拉娜西艺术团，让游客能够欣赏傣族歌舞，代表节目有《傣王招亲》《赶摆路》等；在傣族园游客还可以看到傣族民间乐器的展示和曲艺表演，如象脚鼓、葫芦丝、赞哈表演等；傣族园内还有对傣族民族工艺品的展示，如傣家织锦、竹编、贝叶经、首饰、陶器等。

第二个层次是对傣族人生活的体验以及对傣族民俗活动的参与。对傣族人生活的体验主要体现在“傣家乐”的活动中。2000年11月，傣族园出台了《傣家乐旅游服务实施方案》，对傣族园内各村寨的傣家乐接待户进行策划、包装，改造住宿、卫生、洗浴等条件。傣家乐活动当中包括“学一首傣家歌、跳一曲傣家舞、吃一顿傣家饭、住一宿傣家楼、观一次傣家景、干一回傣家活、泼一身幸福水、做一天傣家人”。傣族民俗活动当中最著名的当属泼水节。傣族园内建了上万平方米的泼水广场，并推出了“天天欢度泼水节”活动，让游客不用等到傣历新年也能体验泼水节的欢乐①；另外在傣族园内还可以体验傣族的婚俗、丢包、赛鼓、斗鸡等参与性较强的活动。傣族园公司还打造了重点突出放高升、赛龙舟活动的曼迈桑康景区。

三　消失文化空间的再造

有时候历史上的文化空间已经消失了，留下来的只有断瓦残

---

① 范文武、李盛宣：《水花映出七彩虹——傣族园文化产业发展纪实》，《中国农垦》2005年第4期。

垣；有时候虽然有一定的历史记载，但是遗迹却很难找出来。不过，正是因为那曾经存在过的文化空间的远去，才令今天的人们为之神往。如果能够抓住人们的这种心理，把这种文化空间再造出来，则可以吸引感兴趣的人们前去体验。再造文化空间可以在历史遗址的基础上进行复原或仿古，也可以根据某种历史记载或描绘另选址进行建设，在这个空间内通过增加相应的设施和服务，以扩展体验范围，增加体验效果。

位于西安的大唐芙蓉园建设的基础是原唐代芙蓉园遗址。2002年的时候本打算建设“长安芙蓉园”，经过8个多月论证，2003年4月决定改名“大唐芙蓉园”，2005年4月对外开放。园内格局南山北池、环状水系，分为若干子文化区域，包括大门、诗歌、民俗、饮食、茶、宗教、外交、科举、歌舞、女性、帝王等。游客在此体验唐代文化，除了欣赏园林古建、楹联、匾额、碑刻上的唐诗之外，还可以观看多种特色表演，如大唐武士巡游、文人墨客巡游、丽人踏青巡游、西域风情巡游、皇家水上巡游，以及东仓鼓乐演出、大型梦幻诗乐舞剧《梦回大唐》等。建设大唐芙蓉园可以看做一项文化实践，项目开发方摸索出了若干经验可供借鉴。在文化定位方面，包括演义化原则、盛世文化原则、文化巨著原则、历史文化原则、唐诗化原则、民族文化原则、宗教文化原则、大唐宝典原则、快乐体验原则、大唐精神原则、实物展示原则；在项目经营方面，包括重大卖点带动原则、主题博物苑原则、大唐不夜原则、富丽堂皇原则、排他性原则、叹奇观止原则、大气大方原则、游赏吸引原则、科技＋艺术原则、高投入高回报原则、专业化细分原则、协作与整合原则、经营化原则；在园林艺术方面，包括动态观赏原则、360°景观原则、室外装饰室内化原则、一比一比例原则、一步到位原则、水漫芙蓉原则、全景画卷式原则、皇家化原则、生态和谐原则[①]。

今天的人们可以从张择端的《清明上河图》上看到北宋时期东京汴梁城的繁华景象。当时汴河沿岸的风光、河上的桥、河里的船只，码头、城楼、城内的街道、街道两旁的建筑，以及人们的社会生活构成了一个宋代的文化空间。和历史相比，今天开封人的生活显然发生了许多变化，但是从这个古城当中多多少少保留下来的一些传统生活方式当中还能隐隐约约感到这个逝去的文化空间的影响。不过，能不能想办法将画上的景象展现在人们眼前呢？根据《清明上河图》建造的开封市清明上河园一期、二期分别于 1998 年、2005 年向游人开放。清明上河园提出了“一朝步入画卷，一日梦回千年”的宣传口号。那么，公园是如何在这个有限的范围内再造一个宋文化空间的呢？整个景区分为迎宾广场、南苑、北苑等子区域。南苑基本上按照《清明上河图》上描绘的景象来建设，水面景观模仿汴河，有码头、虹桥跨越，河内有许多仿古的船只，仿宋建筑有驿站、钱庄、磨坊、勾栏瓦肆等。北苑则更具有皇家园林气派，有许多高大瑰伟的建筑，比如临水大殿、水心榭、丹台宫、四方院、拂云阁、茗春坊等。除了景观之外，园内还准备了不少演出，包括实景演出《大宋·东京梦华》，景区内工作人员身穿仿宋服装进行民俗表演，展现宋代市井风情。另外，园内还有官瓷、汴绣、年画等工艺品的现场制作。游客还可以参与到一些项目中，如“大宋科举”等。清明上河园并不是宋代的历史遗存，只是今人建造的一个公园，但是由于其地处开封这个北宋都城所在地，加上其仿宋的建筑、员工的仿宋服装以及模仿宋代故事的表

---

① 段先念：《大唐圣境欢乐曲江——大唐芙蓉园的定位及文化思考》，《中国城市经济》2005 年第 6 期。

演，可能会让游客产生一种时间上的错觉，仿佛真的回到宋代，去体验宋人是如何生活的。

现实的文化空间和历史的文化空间可以结合起来，让人们既感受现实，也能体验过去。对于某个民族的文化来说，这种方式能够让游客体验更完整的民族文化。在青海海东地区，互助土族自治县威远镇小庄村是一个土族聚居的村落，该村发展以土族文化体验为主的民族文化产业，许多村民的家成了土族民俗体验接待点。另外，村里还建立了西部土族民俗文化村，于 2004 年开业，包括土族故土园、仿明代土司府邸、彩虹宫等建筑，展示土族传统文化。

四　在自然景观之外讲故事

人的生存离不开自然环境，故此依托某些自然景观也可以形成一定的文化空间。许多名山不仅有许多古迹，还流传着许多动人的传说。中国的泰山、黄山、峨眉山－乐山风景名胜区、武夷山都是世界文化与自然遗产。不过这里要讨论的是当代人怎样把一些并不出名的自然风光通过加入某种文化形成某种文化空间，让人们进行文化体验，以此来发展文化产业。

对于一个有着较好自然风光但并不出名的地方，要想让这个地方能吸引人的话，那就要想办法讲故事了。可以采取的方式之一是找到某种有名的地方文化，根据这种文化进行开发，把原来的风景观光旅游变成文化体验。这是一种主动用文化推进旅游的实践。在山东，蓬莱八仙过海旅游有限公司最初是从餐饮业起步的，后来又开宾馆。2000 年，买断八仙渡景区的经营权，开始转向发展旅游。这个景区大约 5.5 万平方米，三面环海，呈葫芦形。在聘请专家进行论证之后，决定采用八仙过海的传说作为景区的文化内核，建设了八仙过海口牌坊、八仙桥、八仙壁、八仙祠、八仙亭等景点。人们来到八仙过海景区，能获得怎样的体验呢？比如八仙壁上的浮雕刻的是八仙过海的故事，宝葫芦雕塑和八仙之一铁拐李相联系，神驴雕塑和八仙之一张果老相联系，在伸入海面的拜仙坛景点立着写有“八仙过海处”的石碑，这些都能引起人们的联想。之后，公司又建设了三仙山景区，内有蓬莱仙岛、方壶胜境、瀛洲仙境等景观，该景区的文化内核是古代神话传说中的三座仙山——蓬莱、方丈、瀛洲。如果对这两个景区进行分析，神仙文化是蓬莱的地方文化之一，虽然这两个景区并不是蓬莱阁那样的全国重点文物保护单位，但是由于相隔不远，实际上是延伸了旅行线路，用八仙文化、三仙山文化等配合海景（有时候可能出现海市蜃楼），加上园林古建，形成了一种文化空间。此外，该公司还抓住蓬莱靠海的地理特点，建设了蓬莱海洋极地世界，来展现海洋文化。

如果说纯粹的自然不属于文化的范畴，那么加上人类的想象力，对其进行改造，把自然风光变成一处景区，再配合相应的文化解读，也可以形成某种文化空间。黄河奇石如果没有人对其品鉴、收藏，也只是自然界当中的石头，可是青海天地人缘文化旅游发展有限公司以黄河奇石资源创建了黄河奇石苑。2007 年该公司又开始利用丹霞地貌资源建设阿什贡七彩峰丛景区，里面建设了 13 个主题广场和博物馆、演艺台、土雕工艺制作区等配套设施，2009 年被国土资源部授予“青海贵德国家地质公园”。如果简单地说该公司做的工作是把一堆石头摆在一个园子里，或把一处地质景观开发出来，那就不是文化产业了，可是公司想到了石文化和土文化，想到了女娲“以石补天、抟土作人”的传说[①]，这样就把自然界的

① 《青海天地人缘文化旅游发展有限公司》，《青海政报》2010 年第 6 期。

事物和人类文化联系了起来。当游客进入这些景区，如果能够从奇石或地貌当中感受到大自然美的一面，进而对相关文化产生一定认识，就构成了文化体验。

五　主题公园在中国

主题公园（Theme Park），是围绕某种文化主题进行建设的公园，里面有跟该文化相关的人工景观，并可能有一定的参观、游乐设施等，通过收取门票、园内消费等方式赢利。主题公园大多是以现代科技手段建设出来的文化空间，这个文化空间可以充分发挥人们的想象力，甚至把一些现实当中原本不存在的场景营造出来。主题公园可以采取多种手段如建筑、雕塑、展览、影像、演出等，去营造某种文化空间。虽然明知道是假的，但是人们进入主题公园之后却能够一方面和平时生活的环境拉开一定距离，另一方面通过参与一些活动和游乐项目，从而在这样的文化空间当中获得某种体验。比如，迪士尼乐园（Disneyland）是以迪士尼动画为题材的主题公园，20 世纪 50 年代在美国出现，之后除美国外，还在法国、日本、中国香港等地建有。人们进入之后能够看到城堡、许多卡通形象等，在一定程度上可能会让人产生进入童话世界的感受。

改革开放之后，在外来文化影响下，主题公园开始在中国出现，如华侨城集团旗下的锦绣中华、世界之窗、欢乐谷，深圳华强集团的方特欢乐世界、方特梦幻王国，广州长隆集团的长隆欢乐世界，开封市的清明上河园，西安市的大唐芙蓉园等。这些主题公园有的基本上是把欧美的主题公园形式照搬过来，请国外的公司进行设计，从国外引进游乐设施；有些虽然形式上仿照国外主题公园，但是内容上运用了中国元素；还有些则在形式上具有一定的中国特色，在内容上以展现中国文化为主。这些不同类型的主题公园体现了外来文化在中国的境况以及与本土文化之间的关系。

在江苏，常州中华恐龙园的出现多少有些偶然，当时中国科学院的恐龙化石要找地方存放，在常州建了一座恐龙博物馆，2000年9月开放，后发展成主题公园[①]。公园内分为库克苏克（Koocasuka）、鲁布拉（Lubura）、嘻哈恐龙城、重返侏罗纪、雨林冒险、欢乐街等子区域。在这里人们能获得什么样的文化体验呢？这个主题公园一方面抓住恐龙所代表的古生物文化，中华恐龙馆内包括影视特效厅、地球演化厅、海洋生物厅、恐龙陈列厅、中华龙鸟厅等处，展出了多具恐龙化石，如许氏禄丰龙、山东龙、永川龙、马门溪龙、霸王龙等。从中华恐龙馆的建筑外形到内部廊厅的灯光造型，从恐龙蛋、恐龙脚印的化石或模型到恐龙造型的玩具、商品，都是为了营造一种关于恐龙的文化空间。另一方面，该公园又明显受到外来文化影响，从公园内一些场所或游乐项目的名称上就能看出来，比如在库克苏克子区域当中的哈洛克（Haluk）补给站、娜塔亚（Natalya）补给站、西顿（Sidon）装备屋、泰兰德（Tyrande）装备屋，在鲁布拉子区域当中的西蒙（Simon）的藏宝屋、曼特（Manter）的小店、伊多（Yiduo）的汉堡屋、玛丽（Mary）的餐馆、鲁布拉嘉年华（carnival）等。还有一些直接体现外来文化的地点，比如圣殿骑士5D互动影院、龙骑士餐厅等。让人奇怪的是，明明是“中华恐龙园”，为什么整个公园大量采用西方文化为主的外来文化来建设呢？许多人看过电影《侏罗纪公园》（Jurassic Park），那是把恐龙和西方文化相结

① 邓华宁、徐华、杨丽：《常州：“无中生有”，“玩”出品牌效益》，《新华每日电讯》2012年10月31日第6版。

合的文化产品，外国人能想出这样的点子，而中国发现了那么多恐龙化石，却找不出怎么把恐龙和中华文化联系起来。因此，从文化实践的角度看，中华恐龙园还只是借鉴了国外主题公园的表层形式。

深圳华强集团下属的成员企业深圳华强文化科技集团，在芜湖、泰安、沈阳、株洲、汕头、郑州、重庆建设了方特欢乐世界，在芜湖、青岛、厦门建设了方特梦幻王国，在南通建设了探险王国。方特欢乐世界是未来科幻类主题公园。以芜湖方特欢乐世界为例，公园占地面积125万平方米，2008年4月开园，当中一些项目对外来文化展示较多，如渔人码头项目展示了西班牙文化，神秘河谷项目展示了玛雅文化，恐龙半岛项目展现美国都市景象，西部传奇项目展现美国印第安风情。不过据该企业的人员介绍，公园是中国人自己研发、设计和建造的，“在公园创意、设计、软件、影视等方面拥有完全的知识产权，彻底改变了中国主题公园项目依赖国外进口的被动局面”[①]。方特梦幻王国是中国文化类主题公园。芜湖方特梦幻王国当中的秦陵探险、水漫金山等项目，虽然也运用了科技手段，但却是根据中国文化元素来设计开发的。

2009年，国家《文化产业振兴规划》提出“加快建设具有自主知识产权、科技含量高、富有中国文化特色的主题公园”。但是主题公园在中国的发展当中出现了许多地方争相建设、相互模仿过多、娱乐内容缺乏新意等情况，不少主题乐园亏损，有的甚至经营难以为继，不得不关门停业，此外有些地方以开发主题公园为名拿土地发展房地产。为了加强监管，2011年，国家发改委、国土资

---

① 远方：《凸显文化科技创意产业集聚效应——访芜湖方特欢乐世界营销总监胡光华》，《江淮》2010年第7期。

源部、住房和城乡建设部联合发出《关于暂停新开工建设主题公园项目的通知》（发改电［2011］204号）[①]。2013年，国家发改委联合国土资源部、环境保护部等多部门印发《关于规范主题公园发展的若干意见》（发改社会［2013］439号），对主题公园发展提出了要求。

作为一种外来文化，主题公园这种形式在中国不是不能够被利用，但是发展什么样主题公园，让人们体验什么样的文化则是主题公园能否走得更远的关键。单纯引进西方主题公园，充其量只不过是在替西方文化做宣传，在建设具有中国文化特色的主题公园方面还要再加一把力。

六　中国的文化空间该如何进行文化定位

从文化产业的运作形式来说，文化体验模式既然提供的是文化空间，就会出现在什么地方进行文化体验的问题。对于一些历史遗迹或者群众生产生活场景来说，外来的游客可能会更多，特别是一些边远地区和民族地区，这种方式可以用外来消费群体弥补本地文化消费的不足，但是对于一些处在城市之中或城郊的主题公园来说，外来游客可能只是一部分消费者，而本地消费群体的接受程度将会对该主题公园的经营状况产生重要影响，如果本地游客能够将其作为一种经常性的休闲娱乐场所，则主题公园就可能维持较长时间。

除了文化空间的地理位置之外，文化空间本身的质量也会影响

---

① 《国家发改委发布〈关于暂停新开工建设主题公园项目的通知〉》，《城市规划通讯》2011年第17期。

人们的选择。有些文化空间人们要看的是其原来的面貌，比如保存较好的传统特色村镇、古典园林、民居建筑等；有些文化空间人们要的是保持新鲜感，因而需要不断更新内部的景观、项目，不断增强人们文化体验的参与性。

文化体验模式能否成功，其核心还在于消费者要体验的文化本身是否有足够吸引力。其实，提供文化空间的一方和进入文化空间进行体验的一方都是在进行文化实践，这就需要对文化空间进行文化定位，这里从传统文化和现代文化、本土文化和外来文化、精英文化和大众文化所代表的三个维度来分析。

传统文化空间是有着一定的历史场景作为支撑的。这种文化空间有的早就湮没在历史的尘埃当中，只能根据记载进行有限的再造；有的还保留下来一定的物质形态（比如建筑物），却没有了昔日人们的活动。对于这两种情况，体验者只能根据残留遗迹和新的人造景观去想象过去人们在其中的活动。还有一种传统文化空间（比如古村镇）今天仍然有人生活于其中，体验者的感受可能更直观，但是很难排除现代文化的影响，比如进入当地人家里看到家用电器，传统生活方式的改变难免会让传统文化空间走样。在文化产业里面，现代文化空间并不是人们日常生活的环境，这种用来体验的现代文化空间是尽可能与平时生活拉开距离的。在某个地块，根据人们想象中的事物建造模型，运用机械设备和控制系统，制造出声、光、电等特殊效果，在这样的现代文化空间当中可以让人获得区别于日常生活的体验。人们愿意花钱到这样的文化空间中，恰恰是对日常生活的逃离。

文化体验当中强调对差异性文化的体验。在中国，不同地域、不同民族的文化之间有一定的差异性，而本土文化和外来文化之间也有一定的差异性。随着对外交往的增多，大量外来文化进入中国，在中国体验外来文化已经不是什么难事。但是值得注意的是价值导向问题，也就是说当有些人对外来文化（特别是西方文化）趋之若鹜时，是不是应该引起今天的中国人反思一下，本土文化的竞争力在什么地方？

精英文化的体验有一定门槛，不容易被大众接受。有的地方在发展文化产业的时候，就想办法把精英文化通俗化，甚至干脆庸俗化。以科技文化体验为例，在一些游乐园当中，不管是游乐设施，还是展览、演出，都大量运用了科技手段，但是可能体验者更多的是从中寻求一种新鲜、惊险、刺激，能否体验到科学探索和科学发现的精神，体验到技术发明和技术革新的艰辛，就不得而知了。

文化体验模式是一个转化、创造文化空间的过程。文化实践的理论提醒人们要对文化空间进行合理的文化定位。文化定位不清，体验就无从谈起。中国要发展民族文化产业，在文化体验模式方面就要突出中国文化特色。中国文化应该既包括传统文化，也包括现代文化。在文化体验模式当中，传统文化体现中国特色的问题被考虑的较多，而现代文化怎样体现中国特色的问题则被考虑的较少。中国现代文化受西方文化影响较大，如果不能通过文化实践进行文化创新，就可能出现把西方文化和现代文化划等号的情况。

中国是文化资源大国。不同地方、不同民族的传统文化是创新现代文化的宝贵财富，因此，在发展文化产业的时候，要在保护的基础上对民族传统文化资源进行开发、利用。就文化体验模式来讲，也就是把传统文化空间的保护和现代文化空间的创造结合起来，从传统文化当中汲取营养，并适当吸收外来文化的有益成分，创造出新的现代文化空间。

第六章

工艺品模式：全流程视野下的文化产品

一　工艺品模式中的文化实践

在文化产业当中，工艺品模式的基本形式是进行加工、制作、出售工艺品。从全流程来看，先是生产者把一定的材料通过某种工艺加工成为工艺品。然后，把这种工艺品根据材料成本的高低、制作工艺的复杂程度以及消费者可能的喜爱程度进行定价，并拿出来出售，于是工艺品就成为了商品。购买者支付一定的费用，购买了该工艺品，完成一定的交易。这个基本形式看似简单，但由于原材料、制作工艺乃至销售环节的不同，使得整个工艺品模式涉及面相当广。

从工艺品的种类来看，如果按照原料来分，可以分为木制品、竹制品、藤制品、布制品、纸制品、石制品、陶制品、金属制品等；如果按照制作工艺来分，有刺绣、泥塑、编织、雕刻、漆艺等。由于工艺品种类较多，故此有些地方也常常围绕某个类型的工艺品形成产业，如陶瓷产业、刺绣产业、木雕产业、香包产业、蜡染产业、漆器产业等。一个地方在发展文化产业的过程中主要生产哪类工艺品与这个地方的资源有着密切关系，比如有些地方的石材比较有特点，并且这种石头本身或者对这些石材加工形成的珠宝可以满足人们的观赏审美和配饰的需要，围绕这些可以形成玉石产业[①]、珠宝产业等。

工艺品模式能够得以发展，其中包含了这样一些问题：人们为什么要制作工艺品？人们为什么会购买工艺品？这些问题可以从文化实践的角度来进行解释。工艺品作为一种人造品，并非自然界本身的产物，这是其成为一种文化产品的起点。工艺品一般是某种文化的物质载体，工艺品当中凝结着不同民族、不同地方人们的生存环境、生活方式、精神风貌等，故此不同的文化背景下可以形成不同特色的工艺品，体现在其造型、色彩、工艺等方面。人们看到的各种各样的工艺品实际上是不同时代、不同群体文化实践的结果。

在人类社会进行工业化之前，手工制品在人们的生产生活中发挥着重要作用，其中有一部分就是工艺品，兼具实用性和一定的审美特征。当工业化的浪潮席卷而来，在许多领域手工制品逐渐让位于机器生产的产品。原有的手工制品当中一些曾经是当地群众的生产用品、生活用品或宗教用品，后来逐渐失去了其实用价值，而更多体现出审美价值、装饰价值，由于其鲜明的地域性、民族性特点，受到消费者的喜爱，这些有的也成为今天的工艺品。同时，随着科技的发展，新材料的使用，新的生产工艺的出现，在传统工艺品之外，许多当代新的工艺品也在不断产生。与之相伴的还有人们设计理念的变化，工艺品生产经营方式的变化，对工艺品营销手段

① 关于赏玩的玉石产业，有的地方称之为“奇石文化产业”。

的变化等方面。

从工艺品模式当前在中国的发展情况来看，有些工艺品的制作工艺基本保留了传统工艺，而有些则运用了现代加工技术，还有就是出现了一些新的产品形式。这里可以通过一些例子对人们生产制作不同工艺品的文化实践加以分析。

二　传统工艺如何走向当代

有些传统工艺的历史可以追溯很久，由于具有一定的实用性，故而在人们的生产生活当中起着重要作用，木工工艺就是其中之一。这里要谈的木雕工艺是木工工艺的一种。在中国古代建筑当中，木制建筑占有重要地位，故此木雕工艺被广泛使用，特别是作为木制建筑装饰的一种手段。另外，木雕工艺也被用在木制家具和许多生活用品上。人们用木雕这种传统工艺来装点自己的生活，故而从木雕装饰图案当中也反映出一定的社会文化。

中国不同地方的木雕各有特点，如浙江的东阳木雕、黄杨木雕，福建的龙岩木雕，广东的潮州木雕等，这里以云南大理白族自治州的剑川木雕为例，来看看这种传统工艺和今天的木雕产业之间的关系。

剑川木雕工艺有着相当久的历史，到明清时期已经基本形成自身的风格。1956 年后，剑川县成立了“金华木器合作社”[①]。1970 年，剑川县建筑木器厂是在木器社、竹木农具社、建筑社、砖瓦厂等几家基础上组建的。厂里面派专人设计制作的大理石镶嵌木雕家具在 1973 年中国进出口商品交易会（广交会）上引起关注，之后

① 云南省剑川县志编纂委员会编纂《剑川县志》，云南民族出版社，1999，第 250 页。

厂里招收木雕艺人入厂，扩大生产，木雕家具产品出口海外。1980年，剑川县建筑公司从木器厂分出来，建筑木器厂改名为民族木器厂[①]。在企业改制过程中，2000年在原剑川县民族木器厂基础上又组建了剑川县木雕集团有限责任公司，后改为现在的剑川县华艺木雕有限公司，下设两个子公司，一个是剑川县园林古建工程有限责任公司，另一个是剑川县旅游产品开发有限公司。民族木器厂的一些有技术专长的职工也开始另外办厂，1995年创办的剑川县古典木雕家具厂（后改名为剑川县兴艺古典木雕家具厂）就是其中之一。2011年，该厂被列为首批“云南省文化产业示范基地”。该厂开发的产品当中除了古典家具、寺庙木雕以及各种木雕工艺品之外，还有一类表现西方文化的产品，比如为昆明某基督教堂制作的大型西洋画木雕壁画《最后的晚餐》《彼得的祝福》《登山宝训》。该厂还与美国独资企业昆明奥斯腾木业有限公司联合开发生产欧式风格的木雕装饰产品[②]。

从剑川木雕业历史发展变化来看，可以发现这样一些值得关注的地方。其一，剑川木雕制作工艺有着一定的历史传承，到了今天，剑川木雕产业当中还有不少传统工艺被保留下来，但也不排除一些工艺已经失传的情况。造成这种情况的重要原因是传统木雕工艺在历史上很长时间因为中国古代木制建筑、家具等的大量存在而使用较广，但是随着近现代新的技术发明，新的建筑材料和家具材料以及相应制作工艺的出现，一方面导致木制产品可以被别的材料产品替代，另一方面木材加工也变得机械化，包括使用一些木雕机器。生产工具的变化使得木雕制作过程不同于传统，比如电动工具

① 张笑：《剑川木雕》，云南大学出版社，2006。

② 《剑川县古典木雕家具厂》，http://www.jianchuanxc.cn/qezc/jianchuanxiangudianmudiao-jiajuchang/2012-06-18/9530.html。

的使用就不同于过去用的雕刻刀。从木雕工艺品来看，机器雕刻对传统手工雕刻会造成一定冲击。有些生产厂家看重机器对提高木雕产品生产效率的作用，加上机器雕刻产品也有一定销路，因此对于这种机器雕刻木雕产品，可以看做传统工艺品生产手段的变化。但是，采用机器雕刻往往造成在计算机控制下产品不断复制，而手工木雕工艺品则更能展示木雕师的雕刻技巧、创造能力，产品也较多变化。

其二，除了现代工具的使用之外，剑川木雕在发展当中也吸收借鉴了其他地方的雕刻技法，这可以看做不同地方传统工艺之间的交流互动，但需要注意的是这种混合而成的中国工艺品仍然和西方工业化以来的机器工艺制造是不同的，不仅表现在技术工艺上的差别，更重要的是在理念上的不同，这是中西方文化差异的表现。

其三，从当前剑川木雕产业看，产品当中包括了仿古建筑（如园林古建、寺庙建筑等）装饰、格子门窗、木雕家具及用品（如纯木制家具、镶嵌石木雕家具）、木雕工艺品（如用于旅游纪念的木雕工艺品和别的木雕文化产品）等。这些木雕产品可以在一定程度上反映出其销售范围。就木雕各类产品的发展趋势来说，木雕作为装饰只是在部分特定建筑上需要，木雕家具也面临别的材质家具的竞争，但是随着人们商业、旅游等活动的增多，宾馆酒店摆设以及旅游购物当中对木雕工艺品的需求有所增加，这是木雕产业可以向文化产业转变的重要原因。

其四，木雕产品当中出现了以西方文化为表现题材的产品，这说明民族民间工艺品表现范围的扩大。木雕工艺可以看做非物质文化，木雕产品可以看做物质文化，两者加在一起形成了一种木雕文化。剑川木雕文化是从当地历史上的生产生活中积累下来的，因此今天把剑川木雕产业作为文化产业也是建立在这种当地特色文化的基础之上的。即便是出现了表现非本民族文化的内容，但其形态依然是木雕工艺品，如果外国人购买了这些工艺品，并不会改变其展现中国木雕文化的事实。因此，通过增加新的表现主题来扩大木雕工艺品的销售对象，使其出口海外，在一定程度上也是促进中国民族文化走出去的一种方式。

三　分散和集中：民族民间工艺品生产经营方式的变化和影响

在中国古代社会，小农经济占据主导地位，当时关于手工业的生产往往是采取一家一户或者小作坊的经营方式。今天在民族民间工艺品生产经营当中，是采取大规模、集中化的方式，还是采取小规模、分散化的方式是一个值得探讨的问题。从民族民间工艺品生产经营的特点来看，产品具有一定群众基础，生产当中手工制作，故此小规模、分散化的方式可以带动广大群众参与，但是在实际操作当中，通过一定范围内的集中，又能够在对接市场方面提供某种便利性。从民族民间工艺品生产经营的分散和集中当中，可以看出各民族的群众如何通过文化实践把代表本民族文化的工艺品向外输出。

"企业 + 农户"是一种被广泛采用的方式。云南大理白族自治州大理市喜洲镇的周城村是一个白族聚居的村落，该村保留着相对完整的白族文化，其中扎染是当地白族的传统工艺，靠手工制作，2006 年进入首批国家级非物质文化遗产名录。该村发展白族扎染产业，集体办厂、统一下料、分户扎花、收回加工，把扎染厂与广大农户联系起来，开发出上百个品种的产品。

青海海东地区循化撒拉族自治县街子镇吾土贝那亥村是一个撒拉族聚居的村寨，当地撒拉族妇女有刺绣的传统，村里面组织当地撒拉族妇女进行刺绣培训，还成立了循化县圣驼民族工艺品有限公司，按照“企业＋农户”的方式进行刺绣产品的制作，形成了撒拉族刺绣文化产业。2008 年，当地妇女制作的巨幅刺绣作品奥运“福娃”成为北京奥组委接受的捐赠品①。这也是一种宣传营销的方式。

“协会＋农户”也是一种方式。青海省海南藏族自治州贵南县的藏绣有平针、缠针、套针等十多种针法，被列为青海省非物质文化遗产。2005 年 10 月，贵南县组织人员到苏州、杭州、黄南等地进行刺绣市场的考察。2006 年 3 月，贵南县成立了“贵南民族藏绣产业开发中心”，进行藏绣技术培训、技术推广、规范制作工艺等方面的工作。贵南县确定了藏绣产业“三高”（高质量、高品位、高档次）和“三化”（市场化、产业化、特色化）的发展方向，并成立了藏绣协会，采取“协会＋农户”的生产模式——中心负责统一设计、配线、装裱、包装、销售，农户选择图案和中心签订合作，在家里面按照要求进行制作②。该年，贵南县的藏绣作品进入北京、拉萨等市场，一些作品如《和谐四瑞图》《安多服饰》等远销日本、美国等国家③。

为了扩大藏绣产业的规模，县里面建设了藏绣文化产业园，集藏绣的设计、制作、展览、销售为一体。根据“政府扶持、企业运作”的原则，2008 年 12 月，在贵南县藏绣产业园成立了贵南东格尔藏绣科技有限责任公司，该公司采用两种生产模式，一方面按照计件工资采用“公司＋农户”的模式进行分散生产；另一方面，

---

① 官群：《“圣驼”的启示——撒拉族刺绣文化产业发展启示录》，《青海日报》2010 年 11 月 17 日第 5 版。

② 姜海军：《充满魅力的贵南藏绣》，《青海日报》2006 年 11 月 10 日第 1 版。

③ 《贵南藏绣》，《青海日报》2009 年 5 月 11 日第 1 版。

按照计时工资在县城的公司总部车间和沙拉村、沙沟乡、过马营等分车间进行统一生产①。由此可见，分散和集中可以采取多种方式，企业、协会等机构既能够把职工统一起来进行管理，也可以发挥协调作用，让农户根据自身情况进行分散生产。

不管是分散还是集中，生产出来的民族民间工艺品最终销售出去，这其实是一种文化输出。民族民间工艺品生产经营方式的变化其实反映了这种文化输出方式的变化。过去通过家庭或作坊制作的工艺品经过企业、协会等组织起来之后，可能成为代表一个地方文化形象的产品。这里以2008年被文化部命名为第三批“国家文化产业示范基地”的百色靖西旧州绣球村为例。

广西壮族自治区百色市靖西县新靖镇旧州村有着生产绣球的传统，据说其历史可以追溯到宋代。村子里面有些人能够熟练掌握传统绣球制作工艺，少数人能够制作复杂的“堆绣”绣球，这使得当地发展绣球产业有着一定的基础。在1984年广西第一届“三月三”民歌节上，该村一位制作绣球的能手所带的绣球被一位外国人高价买走。1995年，当地制作的大绣球被送往北京参加世界妇女大会，引起人们注意②。为了使这种民间工艺品得到更广泛的开发，2003年村里面成立了刺绣技术协会，组织村民生产绣球，并且改进制作技术，简化制作方法，增加新的图案。该村绣球生产规模不断扩大，已经达到年产20万多只的规模。全村绣球生产的年产值达到300万元，产生了可观的经济效益。有些农户家庭生产绣球每年可以得到近万元的收入。旧州村的绣球生产已经形成了“公司+协会+农户”

---

① 金明：《“贵南藏绣”跨步迈向产业化发展道路》，《海南报》2008年12月22日第2版。

② 巫碧燕：《旧州绣球：从闺房隐私到广西文化符》，《南国早报》2009年3月5日第44版。

的方式，现在全村500多户人家当中有近千人从事绣球生产，而且还带动了周边农村的农民就业，产生了2万多个就业岗位。

在这个例子中，首先来看绣球所体现的文化。绣球作为一种民间工艺品，蕴含着一定的民间传统文化，把这种文化进行开发使其产生经济效益，实际上是把当地村民所熟悉的文化利用了起来。为了能够适应当代消费者的审美需求，绣球制作当中的图案设计除了表达其作为传统爱情信物外，逐渐增加喜庆、祥和、长寿的元素，使之成为吉祥物，进行了文化内涵的变通处理。再来看看制作方式。旧州村的绣球采用手工制作，而不是机械制作，这样是要在保证产品质量的情况下使产品价值得到提升。接着来看制作方与生产经营的关系。这种手工制作要求在生产当中能够充分调动群众参与，但是在应对市场方面，一家一户的力量又显得不足，故此成立刺绣协会之后，不仅可以方便培训、交流，而且还能形成一种集体力量在市场上进行谈判。而采取公司来进行经营能够快速捕捉市场行情，以订单加工的方式保证销路，绣球村的产品已经销售到东南亚、日本、欧美的市场。最后来看这种不同于传统的生产经营对于文化输出的影响。该村制作的绣球被送到各种场合展出和赠送，如在2004年中国－东盟博览会上展出并作为礼品送给外宾，2008年北京奥运会期间带有奥运吉祥物图案的绣球送到北京展示，这些赠送和展示提高了旧州村绣球的知名度。

四　工艺变革中的文化继承和发展

工艺品模式在当代的发展中，有一些工艺品的生产虽然在一定程度上继承了传统文化，但就其工艺而言却是今天的发明。这类工艺品的制造并不是完全停留在传统工艺上。由于一定的民族工艺是民族文化的代表，故此对民族工艺的变革可以看做发展民族文化的一种尝试。

在历史上，有一些工艺品是按照当时能够达到的技术水平制作的。可是到了今天，其中一些工艺品的制作工艺可能已经失传，有些可能并不必要再用当时的工艺进行生产，有些可能要求更高质量。不管是哪种原因，由于技术在更新，今天的工艺品制作当中也会出现新的工艺。以内蒙古力王工艺美术有限公司为例，该公司1995年成立之初先是从青铜器铸造工艺品开始，花了三年时间，到国内各家精密铸造业企业和研究机构学习，查阅国内外大量技术资料，以失蜡法铸造为基础，开发出薄壁、镂空、长流程、精密铸造工艺，生产出的产品成为国家馈赠礼品，企业也成为外交部外事活动礼品供应定点单位。此外，公司还根据历史资料和辽代文化遗址，进行辽代瓷器仿制工艺品的生产，其产品在质地、色彩、纹饰等方面称得上“高仿”[①]。2010年，该公司被文化部命名为第四批“国家文化产业示范基地”。在这个例子当中，该公司生产的青铜器铸造工艺品是在对传统铸造工艺改进的基础上进行的，其中一些工艺还获得专利。公司探索出“从设计原型、开发模具、翻制蜡模、涂挂石英型壳、脱蜡焙烧到铸造成形的一整套全新工艺”，2006年，公司获得内蒙古自治区“高新技术企业”认定，被评为赤峰市“技术创新示范企业”[②]。

工艺变革本身固然反映了一定的时代特点，如科技水平的提高、社会的商业化等，但是蕴含在传统手工制作当中那种略显

① 王玉民、石磊：《“力王”成功续写红山文化新篇章——访内蒙古力王工艺美术有限公司总经理王国利》，《中国品牌与防伪》2010年第8期。

② 弘毅：《力王：用民族工艺编织草原文化产业梦》，《中国文化报》2011年3月16日第7版。

“粗糙”又不失质朴感的文化内涵也可能因此而改变。福安市珍华工艺品有限公司于20世纪70年代末创办，该公司主营畲族银器，其渊源可追溯到元代的银雕。在该公司的产品当中包括偏重实用的银茶杯、银茶盘、银筷子、银罐子等和偏重装饰的摆件、首饰等。在工艺特点上，该公司的银器制作融合了北京景泰蓝的工艺，并借鉴香港等地的雕刻手艺，运用“操、凿、起、解、披”五种技法和“圆雕、镂空雕、浮雕、平雕”四种工艺。2009年，该公司成立了畲族银器技术研究所，搜集资料，开发新款式①。除了改进生产工艺、开发新产品之外，在福安市质量技术监督局组织下，该公司还参与编写了《畲族银器联盟标准》，对银器制作当中的焊接、抛光、清洗、雕刻等工序，畲族银器当中烧蓝、点蓝等有特点的工艺技法以及产品种类、图案纹饰等进行规定②。这样的标准出台，体现出银器制作从过去靠银匠自身技术水平来控制产品质量到进行标准化生产的变化。虽然有了标准之后，可能会对增加产量、提高成品率、降低损耗有帮助，但是却导致传统民族民间手工艺品的加工变得有些类似于现代工业产品的加工。反思这种现象，其实可以得出这样的一些认识，产值、市场占有率等作为经济指标只能反映工艺品模式的产业化程度，但是当代的人们在工艺品创造方面所进行的文化实践的价值却是无法用经济指标来衡量的。

五 工艺品模式引发的文化交流

笼统来看，工艺品模式当中包括了工艺品设计、制作、销售等

① 林伟星、姚越：《珍华堂：传统畲族银器放异彩》，《福建质量技术监督》2011年第11期。

② 王晖：《联盟标准让畲族银器更加闪亮》，《福建质量技术监督》2011年第11期。

环节。如果区分得细致一点，按照某种模型和工艺流程进行的工艺品制作更像是一种产品生产，而发挥想象力进行的工艺品创作则包含了艺术创造的成分。这其实是不同的文化实践。但是作为文化产业，在工艺品模式当中，产品生产和艺术创造之间的界限又不容易区分。即便是同一类型的工艺品，在不同地方可能有着各自的地方特色，而不同身份的人对这类工艺品的理解以及对待方式也可能千差万别，于是通过工艺品模式可能引发多种形式的文化交流。

陶瓷工艺有着悠久的历史。在陕西富平，当地陶土资源较丰富，20世纪80年代，当地有人利用这种陶土烧制“唐三彩”和琉璃瓦，销路不错。为发展陶瓷工艺，1998年11月，陕西富平当地的农民企业家建起富平陶艺村[①]。富平陶艺村在自己生产陶瓷产品之外，还通过吸引外来创作，扩大了自身的影响，并且形成以陶瓷文化交流体验为主的产业。富平陶艺村的发展当中一方面吸引国内的高等院校，特别是艺术院校来这里进行实践，富平陶艺村成为清华美院、西安美术学院、西安建筑科技大学等多所院校的艺术实践基地。另一方面走“国际化”的道路，也就是吸引国外的陶瓷创作者和爱好者来这里。2001年，陶艺村成功举办了首届富乐国际陶艺创作营活动，6个国家20多名艺术人士来这里创作了50多件陶艺作品。随着国外陶瓷创作者留下的陶艺作品越来越多，2004年，富平陶艺村开始创建“富乐国际陶艺博物馆群”，现已经开发出八大展区，包括33个国家级陶艺馆和一座国际陶艺文献馆，展出来自50个国家和地区的作品[②]。富平陶艺村成为国际陶艺家协会（IAC）在中国大陆唯一团体会员，是该协会的陶艺创作营。

① 孟西安：《中国富平：世界瞩目的陶艺之都》，《人民日报》（海外版）2008年12月12日第8版。

② 《公司简介》，http：//www.futogp.com/Aboutus.asp。

2004年、2007年、2010年，陶艺村还举办了三届国际陶艺杂志主编论坛和国际陶艺新秀作品展。该村已成为国际陶艺杂志主编协会的永久会址。2008年9月，第43届国际陶艺学会大会在中国西安举行，此次大会的闭幕式选择在陕西富平陶艺村举办。2010年，陕西富平陶艺村有限责任公司被文化部命名为第四批“国家文化产业示范基地”。除了发展现代陶艺外，由于富平县发现了大量古陶瓷片和窑具，2011年8月，在富平陶艺村举办了“富平古窑区陶瓷标本观摩研讨会”[①]。既然是研讨，自然可以有不同观点，但这样的会议既是对富平陶艺村的一种宣传营销，又可以看做另一种形式的陶瓷文化交流。

六 处在变动之中的中国工艺品模式

工艺品是一种有形的物品，这种物品可以在生产者、销售者、消费者之间流动。这使得工艺品模式可以打破空间限制，向外输出产品，不仅可以进入国内市场，还可以远销海外。不同的工艺品在生产、制造、销售等各个环节上可能会存在一定差异，比如“公司+农户”“协会+农户”等方式属于分散生产，企业也可以把人员集中起来进行生产。不过仅从这些商业特点来看工艺品模式，可能难以将工艺品和别的有形商品区别开来。

工艺品模式是文化产业的一类，在这个模式当中，工艺品其实也就是一种文化产品。人们进行工艺品生产制作以及进行文化交流，都是在进行文化实践，故此如果采用文化实践的理论进行分

① 高功、魏佩：《正在揭开的谜团——记富平古窑区陶瓷标本观摩研讨会》，《收藏界》2011年第11期。

析，能发现更为关键的问题。对于工艺品模式在当前中国的情况，可以从传统文化和现代文化、本土文化和外来文化、精英文化和大众文化所代表的三个维度来分析。

如果把用传统工艺生产的工艺品称为传统工艺品的话，那么这些传统工艺品其实代表了过去的社会生产力水平，并且反映了过去的社会文化。由于科技的发展，社会生产力水平的提高引发了社会结构的变化，相应的社会文化也在发生变化，这种变化从传统工艺品和利用新材料、现代工艺制造出来的工艺品之间的差别当中也能体现出来。但是值得注意的是，有许多传统工艺被人们传承下来，并在当代成为非物质文化遗产。可以说，今天的工艺品很多是融合了传统工艺和现代的设计、加工、制造技术，比如利用计算机进行工艺品的设计，利用现代机器进行加工等。这是当代的人们在工艺品方面的文化实践，也是对工艺品方面所进行的传统文化实践的延续。

中西方在近代以来的接触过程中，西方文化向中国的传播表现出一种强势，因为西方文化以一种“现代”文化的姿态出现，对中国的传统文化产生着冲击。改革开放以来，人们越来越感受到经济全球化所带来的影响。在这样的背景下，中国各民族的传统工艺品仍然可以看做民族文化的符号性表征，在应对外来文化侵入当中表现出一种抗拒。不过，还有一种现象值得注意，那就是出现了用中国一些传统工艺品去表现国外文化，比如刺绣、挂毯、木雕等上面的图案是外国的名画、风景、建筑等。这种现象并不能简单地看做文化融合，而只是一种开拓市场的策略。

改革开放以来的另一个重要变化是随着中国经济的增长，人们收入水平的提高，带动了工艺品方面的消费，反过来又促进了工艺品的生产。从生产者来说，包括民间的农户、工匠，企业当中的设计、加工人员，专业的艺术创作者，这些不同的人对于工艺品本身的理解不同，技艺上面也千差万别，导致做出来的工艺品质量也参差不齐。从消费者来说，由于收入分配不平衡，社会贫富分化，对于工艺品的购买能力差异性也很大，有些普通工艺品只是旅游纪念品，有些名贵工艺品成了收藏投资品。从精英文化层面来看，更侧重于工艺品的创作和欣赏，从大众文化层面来看，更侧重于工艺品的制作和把玩。如果看重的是工艺品本身带来的审美感受，那么工艺品模式的发展就可能向精英文化靠拢；相反，如果所追求的只是工艺品的价格高低，就难以摆脱其中的功利性，就会让工艺品模式变得更加世俗化。

文化实践的理论分析告诉人们，对于中国文化产业的工艺品模式今后的发展，不仅仅是要去关注原料选择、加工制作、展示销售，或是进行技术培训、技术推广、规范制作工艺等方面的工作，还要关注这个产业对于中国文化的作用。不管是传统工艺的继承和发展，还是现代工艺的探索和创新，关键是要明白这些工艺本身是一种什么样的文化，而被制作出来的工艺品的物质形态又要传达什么样的文化。在发展工艺品模式当中，要尽量提升工艺品的文化品位。

当然，工艺品种类繁多，可以用来满足多样化消费者的文化需求，但中国还是要大力发展民族特色工艺品，其市场定位可能是在民族民间工艺品的原生性与符合现代人审美观念之间找到衔接点，其文化定位是保留中国传统工艺品文化的精华和应对外来文化的冲击。由于工艺品设计理念和人们的消费理念背后所反映的是社会文化，故此发展民族特色工艺品也是在进行一种重塑人们美学价值观的文化实践。

第七章

演艺模式：文化服务意味着什么

一　演艺模式中的文化实践

在文化产业当中，提起演艺模式往往会想到这样一种基本形式，那就是观众通过付费观看某种形式的表演。其中演出者是表演的主体，观众则是作为文化消费者。演出者通过表演，付出一定的劳动，获得报酬。观众从演出当中获得某种精神方面的愉悦，但要付出一定的费用。

其实随着演艺模式的不断发展，牵涉的各个环节相当多。一些大型演艺产品的打造还包括投资方、艺术总监、编导、灯光、音响、化妆、服装、道具等。对于提供演出一方来说，有演出企业，有专门的文艺表演团体，还有业余演出队。演员方面，有专业演员，也有群众演员。成为演员需要一定的训练，在提供这些训练方面有各类演员培训机构。在提供演出的一方和观众之间还可能会有一些演出经纪机构。演出的场地方面，有相应的剧场。对于演出的宣传营销，有一些广告公司。演艺经营的盈利，一般是通过售票，演出票务公司提供查询、订票、送票等相关服务，购票者可以通过到售票点购买，或者通过网络、电话订票。此外，还有人从事与演出相关的音像制品、文化纪念品的生产和销售。

通常把演艺模式作为文化产业来进行讨论的时候所涉及的内容还不止这些，可能还会包括不同种类的演艺，比如音乐会、歌舞剧、话剧、戏曲、杂技等。另外，也可以讨论如何提高演艺企业的经营管理，如何塑造演艺品牌等。在发展演艺模式当中，可能更多的关注点在于如何让演艺产品吸引更多观众，从而获得更大的盈利，但是如果从文化实践的角度来看，问题就会发生变化。

在演出过程中，演出者和观众之间形成一定的互动，发生着信息的传递。有些演出能够打动观众，有些演出却不能。究其原因，除了表演者的技巧之外，更重要的是演出本身的形式和内容。演艺产品是人生产出来的，生产者采用哪些文化资源，如何将这些文化资源转化成演艺产品，如何将其展现给观众，如何进行宣传，这是一种文化实践的过程。

从演艺模式在当前中国的发展情况来看，有些演艺产品当中对传统文化形态保留得较多，故此人们称其为“原汁原味”，但是不排除一些演艺产品为了适应现代文化消费进行市场化包装的情况出现，有些包装只是在服装、道具上，有些是在表现形式上，还有些包装则是运用了各种科技手段。这里对不同演艺经营当中的文化实践进行分析。

二　传统演艺在当代

在中国，传统演艺的形式多种多样，比如各地方的戏曲表演，如京剧、豫剧、越剧、黄梅戏、评剧、昆曲等；中国各民族的歌舞表演，如秧歌、龙舞、狮子舞、腰鼓、高跷、蒙古长调、侗族大歌、傣族孔雀舞、苗族芦笙舞、纳西古乐等；各种曲艺表演，如苏州评弹、山东大鼓、河南坠子等；另外，还有木偶戏、皮影戏等。这类演出一般都经过了比较长时间的形成和发展过程，其表现形式贴近群众的生活。

今天仍然有不少人在从事传统演艺。当代的传统演艺有一些是经过历代积累下来的节目，有一些则是新创作的节目，但其基本形式还大体上保留了传统特点。传统演艺的当代生存方式大多是采用一些文化经营活动，形成一定的演艺产品，这可以看做中国人关于演艺方面的传统文化实践在当代的延续。随着文化体制改革的推进，许多国有文艺院团已经转企改制，出现了一些大型演艺集团。这里以陕西演艺集团有限公司为例看看其在传统演艺经营中所进行的文化实践。

陕西演艺集团有限公司是在原省歌舞剧院、省乐团、省杂技艺术团、省民间艺术剧院、省京剧团、陕西人民艺术剧院、西安人民剧院、省演出公司 8 家单位的基础上组建的，于 2009 年 10 月 28 日成立[①]。该公司的演艺产品包括歌剧、舞剧、民乐、交响乐、木偶剧、皮影、京剧、话剧、杂技等。这里面有些是前面提到的传统演出形式，比如民乐、京剧、皮影等，但是在内容上有些不一定都是古代的内容，如集团下属的陕西省京剧院有限公司（原陕西省京剧团）创作的现代京剧《风雨老腔》，将华阴老腔和京剧放在同一个舞台上展现出来。值得注意的是，该剧在音乐唱腔的伴奏上不仅有传统乐器，还使用了合成器[②]。这就明显可以看出

① 《集团简介》，http：//www.sxyygroup.com/docc/about.aspx？big＝1&small＝1&page＝0。

② 陈燕：《谈合成器在戏曲乐队中的作用——以京剧〈风雨老腔〉为例》，《音乐天地》2012 年第 8 期。

传统演艺在当代发生的变化。造成这种变化的一个原因是今天社会上存在浓厚的商业文化氛围，传统演艺业难以摆脱这种商业文化的渗入，这也意味着不能简单地从纯粹艺术的角度去看待这种文化实践。

在发展文化产业当中，除了那些延续至今的传统演艺之外，还要注意另外一种情况，那就是有些在历史上出现的演艺作品，由于时间久远，加上没有传承，当然也没有影像，今天无法看到当时的表演，但是还可以通过文字记录或者绘画找到踪迹。对于这种情况，有些新创作的演艺作品就尝试在一定程度上把过去“带到”今天，比如陕西省歌舞剧院创作的《仿唐乐舞》《大唐赋》等作品，就是取材于古代舞蹈的历史资料。这些演艺作品是今天的创作，但这种创作却建立在对历史文化进行挖掘整理的基础之上。《仿唐乐舞》创作于改革开放初期，1981 年组织创作班子，1982 年 10 月在西安首演。据参与创作的人员回忆当时的情况，“为了能准确把握唐乐舞的特点，成功地再现唐乐舞的恢弘气势，我们花费了大量时间和精力查找相关资料：新旧唐书、《资治通鉴》、《宋元戏曲史》……生涩难懂的史料硬是被我们啃了一遍。我们还潜心研究了唐宋乐书、音乐史、舞蹈史等书籍和文献资料，还虚心请教专家学者。还到敦煌、云岗、龙门等地进行实地考察，从壁画、石刻、石雕中寻觅创造需要的形体素材和灵感。还深入民间，寻找发掘与唐乐有渊源关系的《西安鼓乐》，在民间艺人那里，甚至得到了残缺不全的工尺谱，几近失传的古乐，这些散落在民间的宝贵史料，在后来创作的《鸭子拌嘴》《老虎磨牙》等曲目中，给我们很大帮助”①。当时，还有一批音乐、舞蹈、文史专家参与创作和

---

① 苏文：《〈仿唐乐舞〉圆我一生的梦》，《金秋》2008 年第 4 期。

担任顾问。乐舞诗《大唐赋》首演于2008年，包括“礼宾”“曲江”“击鞠”“雁塔”“西市”“梨园”“祈年”“唐颂”8个部分，基本上是一种现代创作。从《仿唐乐舞》到《大唐赋》体现出当代中国人关于传统演艺方面进行的文化实践的另外一些特点，那就是有些作品在创作当中虽然一部分是继承了传统文化，但并不是把过去直接照搬，而是不断用今天的眼光去解读历史。

三　民族民间演艺的商业化

这里所说的民族民间演艺，是指不同于专业艺术院团的演出，而是从民间发展起来的，是各民族的群众在日常生活中所进行的一种演艺文化实践。受到商业文化的影响，这种民族民间演艺被开发利用，变成了一种表演服务，通过吸引文化消费者的观看，表演者从这种表演服务中获得一定收入。

侗族大歌是在侗族群众长期文化实践的基础上形成的一种民族民间演唱，入选国家级非物质文化遗产名录和联合国人类非物质文化遗产代表作名录。侗族大歌主要靠代际传承，有专门的歌师来教，也可以看做一种民族知识的传承方式。侗族大歌是如何商业化的呢？以贵州黔东南苗族侗族自治州从江县高增乡的小黄村为例，这里是侗族聚居的村寨，也是侗族大歌之乡。随着村里面的歌手不断外出演出，小黄村的名气渐渐响了起来。2003年，“中国侗族大歌节”在从江举办，小黄村的侗族大歌表演给游客留下深刻印象，以侗族风情表演为主的乡村旅游和民族文化产业也随之发展起来。村里面修建了鼓楼、风雨桥和民族风情表演场，吸引更多游客前来。侗族大歌是表演的关键，当地通过对侗歌进行整理，组建了若干由不同性别、不同年龄的人组成的歌队，不仅在本地表演，还站上了国内外舞台[1]。

民族民间演艺本来是某个民族、某个地方群众的文化实践，但是由于这种文化传播到外地，与另外的地方文化以及现代都市文化形成了一定差异性，故此有可能受到某些观众的欢迎而打开市场。对于那些原来仅仅靠从事农牧业生产为生的地方，从事这种民族民间演艺就成了增加收入的另一渠道。1995 年，青海省贵南县沙沟乡石乃亥村组织成立了一个 23 人的藏族歌舞表演队。该表演队先在北京中华民族园进行试演。1998 年，该演出队到北京参加第十二届龙潭庙会，节目获得“龙潭杯优秀民间花会邀请赛”的奖项。产生影响后，石乃亥民间艺术团接到许多订单，先后到多个省市进行演出。该艺术团通过增加不同地方、不同民族的舞蹈来不断丰富自己的演出节目，已经发展成为下辖 9 个分队，200 多名演员的民间文艺团体[2]。2005 年，在石乃亥民间艺术团和原贵南县文化馆基础上组建了“贵南县藏族文化艺术传播中心”。该中心专门负责对农牧民青年进行文化技能培训，包括演出、导游、服务人员等。这使得贵南县的民族歌舞演艺也得到壮大，在全国有 30 多支演出队，800 多名演员。2008 年，石乃亥民间艺术团被文化部命名为第三批“国家文化产业示范基地”。

民族民间演艺商业化的特点是其带动性较强，一个地方的演出团队加上政府扶持，就可能产生规模效应。2006 年被文化部命名为第二批“国家文化产业示范基地”的四川九寨沟演艺产业群就汇聚了 10 家左右的演出团体进行藏族、羌族等民族歌舞表演，分别在不同的演出场所推出不同的演艺产品，比如《高原红》《九寨

---

① 杨志刚：《唱着大歌富起来——小黄侗寨发展民族文化旅游产业扫描》，《贵州日报》2006 年 9 月 20 日第 1 版。

② 杨巴：《长袖舞出的好日子》，《青海日报》2005 年 11 月 20 日第 1 版。

天堂·梦幻之旅》《藏谜》等。不同于那种一个地方只有一两个演艺产品的情况，在九寨沟的各个演艺产品由于相对集中，彼此之间存在一定的竞争。从经营来看，当地建立了九寨沟营业性演出团体票务管理中心，由九寨沟营业性演出行业协会管理，并接受九寨沟县文体局监督，采取票务中心、窗口、宾馆饭店和网络等多种方式售票[①]。由于九寨沟旅游分淡季和旺季，有些演出在淡季因游客较少可能暂停营业。这里可以发现，民族民间演艺商业化之后要考虑市场的问题，这就涉及文化经营和文化管理等文化实践。

四　从舞台艺术到旅游演艺

对于演艺模式来说，要想扩大盈利就需要吸引大量观众，而要做到这一点可以考虑打造规模较大的演艺产品。在这种情况下，演艺产品创作上的文化实践是如何把不同的文化元素和不同的演艺形式综合起来，如何对各种演艺资源进行加工编排？对于这样一种大型演艺产品来说，不仅涉及人力、物力较多，还要有灯光、音响、服装、道具等多方面的配合，而且还要考虑市场营销。为此，在演艺经营方面的文化实践是成立相应的企业进行组织、经营、管理。

推出这样的大型演艺产品方式之一是先打造舞台艺术精品，然后进行市场化运作。举例来说，《云南映象》是一台展现云南民族民间文化的大型歌舞集，从酝酿到搬上舞台花了3年时间。整场演出120分钟，有7场歌舞，包括“序·混沌初开”“太阳”“土地”“家园”“祭火”“朝圣”“尾声·雀之灵”等部分。该作品充分挖

① 强罡：《演艺集群演绎“九寨新传奇”》，《中国文化报》2009年7月31日第7版。

掘云南当地少数民族的生活场景，对其民歌、鼓乐、民俗进行展示，有不少演员是从一些村寨当中挑选出来的。2003 年 8 月，该作品在昆明进行了公演。2004 年，在第四届中国舞蹈“荷花奖”比赛中赢得五项大奖。除了取得艺术上认可之外，该作品的成功得益于其所做的市场化运作，除了多次在国内外进行巡演之外，还先后以昆明会堂、云南艺术剧院为基地进行定点演出。在原先云南山林文化发展有限公司和《云南映象》项目组的基础上组成的云南映象文化产业发展有限公司，在 2004 年被文化部命名为第一批“国家文化产业示范基地”。后来公司进行了重组更名。2012 年，公司又推出了舞剧《孔雀》进行巡演。

《多彩贵州风》是贵州省打造的大型民族歌舞诗，通过一个苗族女孩回到家乡看到各种变化把整台表演串起来，汇集了苗族反排木鼓舞、侗族大歌以及土家族、瑶族、布依族、水族、仡佬族、彝族等民族的歌舞。《多彩贵州风》采取了固定场地演出和巡演的方式，采用 BOT 方式改造了贵阳的北京路影剧院，作为长期演出基地。由贵州省歌舞团、贵州日报社、省电台、省电视台与江苏金杨集团等单位合作成立的多彩贵州文化艺术有限公司主要负责该演出的市场运营[①]，该公司在 2006 年被文化部命名为第二批“国家文化产业示范基地”。

打造大型演艺产品，还要考虑相应的消费人群。在一些著名旅游地点，设立相应的演出剧场，推出与当地文化相联系的演艺产品，使之成为当地文化旅游当中的一环。这种模式和旅游关联度较高，一些团体旅游有导游带队，将观看演出作为旅游线路当中的一个可选择环节。举例来说，《丽水金沙》是在丽江演出的一台大型

① 孙海涛：《民族艺术奇葩融入贵州文化产业》，《人民日报》2006 年 9 月 24 日第 1 版。

民族舞蹈诗画，由丽江民族歌舞团和深圳一家企业合作开发，2002年5月开始进行公演。到2006年底，演出了3000多场次，观众达100多万人次，收入过亿元。《丽水金沙》分为4场，分别是“序”“水”“山”“情”，展示了丽江以及滇西北高原的自然风光、人文历史、民族风情。2003年12月，丽江民族歌舞团由国有文化事业单位改成了股份制性质的丽水金沙演艺有限责任公司①。2004年，该公司被文化部命名为第一批“国家文化产业示范基地”。大理风花雪月文化传播有限公司推出的风情歌舞《蝴蝶之梦》2005年开始演出，演出地点在大理当地一个剧场。该节目包括了“序”“洱海明珠”“三塔香云”“苍山叠翠”“蝴蝶泉边”等场，荣获第五届中国舞蹈“荷花奖”多个奖项。2010年，该公司被文化部命名为第四批“国家文化产业示范基地”。

杭州的宋城景区，是由浙江宋城集团控股有限公司打造的主题公园，景区内推出了大型歌舞《宋城千古情》，分为“序·良渚之光”“第一幕·宋宫宴舞”“第二幕·金戈铁马”“第三幕·西子传说”“第四幕·魅力杭州”。这台演出的特点是采用了科技手段来渲染舞台效果，比如采用烟火和低压供电技术来制造炮火发射的效果，采用水幕喷头制造瀑布效果，另外还采用了激光技术和移动观众席等手段。2004年，宋城集团被文化部命名为第一批“国家文化产业示范基地”。2012年，该公司又在杭州乐园推出了《吴越千古情》，分为“序·风雪囚途”“第一场·西施浣纱”“第二场·惊艳吴宫”“第三场·复国之战”“第四场·世界相聚”。这台演出投入大，引入20000ANSI流明的投影仪、近500平方米的LED屏、电脑灯、造雪机、水幕喷头等设施，在演出当中有各种不同的特

① 任维东：《〈丽水金沙〉演绎文化产业神话》，《光明日报》2006年12月1日第1版。

效，如雨雾、雾森、水帘等①。

从舞台精品到旅游演艺，策划、编导们所进行的文化实践发生着变化。应该看到不同的大型演艺产品在如何把原有文化元素进行组合方面采取了不同的方式。舞台精品的创作，在汇集了各种民族民间歌舞元素之后，虽然有一定的加工，但还能部分反映出这些歌舞本来的质朴。旅游演艺产品，一般借助于当地的历史典故、民俗传说、民族风情等文化要素，将其划分为若干段落，或有故事情节，或没有故事情节，但是在表现手法上，无论是歌舞、杂技等演出本身，还是舞台场景布置、音效处理、服装设计等方面，无不透露出浓厚的商业化气息。从舞台精品逐渐演变成旅游演艺产品的过程中，文化实践越来越向经济效益靠拢。旅游演艺产品的创作直接是以盈利为目的，为了能够吸引人们的眼球，大量的舞台机械和声、光、电等科技手段被运用来烘托各种眩目、煽情的表演。这种文化实践基本上体现的是大众文化、流行文化，把原本具有深厚底蕴的文化表面化了，同时抓住大众消费者猎奇的心态，追求的是场面是否宏大、色彩是否艳丽、演员动作是否高难度等外在的东西。

五　实景演出：虚拟的文化场景

人们总想把某些看不到的景象，比如过去的历史情景、想象中的画面等，能够在现实当中虚拟出来，或是能够想办法去体验一下那种感觉。实景演出就是这样一类文化实践。这类演出也多是和旅游相配合，但比较明显的特点是借助于山水、草原、沙漠、建筑等景观作为演出的元素。由于这种演出场景有别于传统舞台（比如

① 《“爆料”〈吴越千古情〉》，http：//www. songcn. com/hzly/Eternal/baoliao. shtml#b。

因天气不同景观呈现差异），加上演出的内容大多是取材于当地的人文风情、历史传说，故此可以给观众一种在场的感受。如果说演出是把真实生活通过艺术形式再现出来，那么各种实景的衬托则能让这种再现显得更加“逼真”。

《印象·刘三姐》是由桂林广维文华旅游文化产业有限公司投资打造的大型山水实景演出。该演出位于广西阳朔，利用了漓江1.654平方公里水域和12座著名山峰作为背景。2004年3月正式公演。演出由“序·山水传说”“红色印象·对歌”“绿色印象·家园”“金色印象·渔火”“兰色印象·情歌”“银色印象·盛典”“尾声·天地唱颂”等部分组成。演出安排在夜间进行，不同的色彩通过灯光技术来制造，再加上音响手段，让人获得一定视听感受。由于演出场景宽阔，为了达到一定的视觉效果，需要大量演员参与使场面显得比较宏大，故此《印象·刘三姐》的参加演出人员达到600多人，有许多是附近村子里面的村民经过培训之后作为演员，这既能使表演更具民间色彩，也能在一定程度上增加参与群众的收入。由于演出场地宽阔，为增加观众容量创造了条件。观众多了就可能带来较为可观的收益。当然，为了观看演出的便利，观众席的设计也要求尽量使得视野开阔。

《长恨歌》是陕西华清池旅游有限责任公司推出的大型实景历史舞剧。该演出位于国家5A级旅游景区西安市华清池，以骊山为背景，在景区内九龙湖上修建演出舞台。演出取材于白居易的《长恨歌》，围绕唐玄宗与杨贵妃的故事展开，分为“序幕·杨家有女初长成”“一朝选在君王侧”“夜半无人私语时”“春寒赐浴华清池”“骊宫高处入青云”“玉楼宴罢醉和春”“仙乐风飘处处闻”“渔阳鼙鼓动地来”“花钿委地无人收”“天上人间会相见”等部分。和许多大型实景演出一样，该演出也采用了多种科技手段，比如“为了烘托《长恨歌》的恢宏场面，安装了亚洲最大的隐蔽式LED软屏（宽45米、高18米）；在九龙湖水下，采用了全球最先进的美国拉斯韦加斯火海技术，实现了在水面上火球、火海熊熊燃烧的效果；骊山山体采用了国内最先进的星星灯技术，满山星斗与天相连；利用山体自然条件，采用LED带灯程控技术，产生流动瀑布效果；采用了香港香雾效果，根据故事情节，从嗅觉上使观众产生身临其境的效果；采用了香港威亚技术（2套、跨度200余米），实现了舞台多度空间效果；采用了国内最先进的水雾（雾森）技术，与舞美、灯光效果结合，舞台犹如仙境一般；观众看台采用了伸缩座椅的车载式移动组合看台”[①]。

《大宋·东京梦华》是河南开封清明上河园推出的大型水上实景演出。清明上河园是一个参照《清明上河图》造出来的仿古主题公园，故此这个实景并不是自然山水或历史遗迹，而是仿古建筑和人工湖。演出于2008年4月进行公演。整场演出分为“序·虞美人”“盛世风情·醉东风”“盛世婉约·蝶恋花”“盛世浮华·齐天乐”“盛世豪放·满江红”“尾声·水调歌头”几个部分。这台演出围绕8首宋词展开，主要展现了这些宋词所表达的意境，试图用身着仿古服装的演员，以及观众所处的公园景观，来营造一种北宋时期历史场景的感觉。

如果把上述三部演出进行比较，会发现这三个实景演艺产品既有相似点，也有不同点。相似点在于，其一都利用了某种程度的“实景”作为背景和搭建舞台，其二都以体现当地特色的文化作为演出的素材，其三都运用了一些技术手段来增加演出效果，其四都注意吸引旅游消费群体。三者的不同点在于，《印象·刘三姐》偏

① 《舞台技术》，http：//www.hqc.cn/prefecture/stage.shtml。

重于山水景观和民族文化的结合，其特点是山水景观的变化为整个演艺增色不少，但是整台演出的各个部分是一些片断的组合。《长恨歌》偏重于人文景观和历史文化的结合，其特点是在历史遗迹不完整的情况下，通过演艺当中的故事情节、场景、人物、舞蹈让人去感受已经消失的历史画面，而且整台演出的各个部分之间连贯性较强。《大宋·东京梦华》偏重于表现城乡景观和民俗文化的结合，其特点是由于有《东京梦华录》的记载和《清明上河图》的描绘，故此在舞台背景、使用道具、演员服装等方面更容易表现历史，整台演出有一定的时间顺序，但各场之间又有较强的独立性。

这种类似的实景演出还有河南的《禅宗少林·音乐大典》、山东的《中华泰山·封禅大典》、河北的《鼎盛王朝·康熙大典》、内蒙古的《天骄·成吉思汗》、新疆的《神游楼兰》、云南的《印象·丽江》、浙江的《印象·西湖》、江西的《井冈山》、湖南的《天门狐仙·新刘海砍樵》、四川的《道解都江堰》等。实景演出模式前期投入经费较大，需要考虑能否回收成本和花多长时间回收成本的问题。由于各地实景演出越来越多，有些演出可能观众认可度不高，造成盈利较少，甚至亏损。关于实景演出是否能够带来游客停留时间的延长，以及拉动当地消费，也需要根据各地的不同情况而定。而且，实景演出与周边环境的关系很微妙，可能会引发一些值得思考的问题，比如是否会破坏景观，是否会带来噪声污染，是否会影响当地居民生活等。正是由于存在这些问题，故此有些实景演出也会遭到不少质疑①。

① 谢寅宗：《〈希夷之大理〉：舞台下少人喝彩的尴尬》，《都市时报》2012 年 1 月 4 日第 A18 版。

六　外来演艺形式的中国化

在当代中国演艺模式的发展当中，除了本土的演艺形式之外，还有许多外来的演艺形式。不管是国外的传统演艺形式，还是在国外流行的现当代演艺形式，在其进入中国后，除了要考虑能否适应中国的环境之外，还要考虑对中国的文化有着怎样的影响。

话剧这种表演形式，并非中国传统演出形式，而是在近代从国外进入中国的。中国人利用话剧这种演出形式，表现有关中国社会的各种内容，这种把外来文化中国化的实践不同于中国传统文化实践。在文化体制改革的背景下，话剧这种舞台艺术在向演艺产品的转变过程中要做怎样的转变呢？成立于1953年的山西省话剧院推出了一部名为《立秋》的话剧，讲述了民国初年晋商的故事，表现了票号的成败、人物的命运与时代之间的关系，获得了包括国家舞台艺术精品工程十大精品剧目在内的多个奖项。这部话剧2004年4月在太原首演。开始的时候，每场收入从两三千到一万元左右，甚至还有免费请人看的时候。后来借助政府来搭建平台，在北京、“珠三角”、“长三角”进行演出，并利用这样的机会到学校、剧场演出，另外还和当地文化传播公司合作。虽然有一定的市场化运作，但是其演出场次当中，政府采购和企事业单位包场占多数[①]，这表明如果话剧要想更多发展，还需要市场的培育。通过对这部话剧走向市场的分析可以发现，该剧在创作当中内容上用了中国本土题材，这样更适合大多数中国观众理解，而且在文化经营实践上所采取的一些方式也很有中国特色。

---

① 贾茂盛：《话剧如何走市场——从话剧〈立秋〉谈起》，《中国戏剧》2007年第5期。

外来演艺形式进入中国，有些表现形式是否能够用来展示中国文化是一个值得讨论的问题，因为借鉴外来演艺形式制作的演艺产品其形式和内容有时候不一定能够很好配合。举例来说，成都金沙太阳神鸟演艺文化有限公司打造的大型音乐剧《金沙》，是以金沙遗址为题材创作的，但是这部音乐剧基本上是一种西化的形式，仿照美国百老汇（Broadway）的一些歌舞剧形式。百老汇的戏剧可以看做欧洲的歌剧（opera）在美国的变体，属于西方文化的一部分，从艺术形式上可以看做美国现代歌舞艺术。同时，百老汇代表了美国文化产业的一种形式，百老汇上演的大都是一些娱乐性较强的、商业气息很浓的剧目。《金沙》仿效了这种表现形式，是一部利用中国文化题材的西式音乐剧。

这里要说明的是外来演艺形式不是不能被采用。如果说美国人可以借用中国元素拍摄电影，如梦工厂（DreamWorks）动画片《功夫熊猫》、迪士尼（Disney）动画片《花木兰》等，那么中国人也可以借助西方艺术的表现形式来宣传中国文化。与之相类似还有交响乐，本来是西方音乐的一种，中国人借用这种表现形式，不是也产生了中国的民族交响乐吗？另外还有芭蕾舞，本来是西方舞蹈的一种，中国人借用这种表现形式，不是也产生了中国的民族芭蕾舞吗？因此，从文化产业的角度来看，《金沙》由中国人自己创作，宣称表现中国金沙遗址文化，这种演艺产品也是一种当代中国人的文化实践，只是其中一些设计如服装、道具、音乐、故事情节等都存在不少有待改进的地方，以使之中国味道或民族风范更浓一点，否则就会显得过分商业化，或有可能让人看了之后对到底在宣传什么文化产生理解上的偏差。这其实说明，外来的演艺形式还是会冲击中国的文化，特别是一些国外的流行演艺形式。

七　中国演艺模式的生存和未来

在当代中国，演艺模式的发展呈现多样化演艺产品共存的特征，一大批演艺产品的产生虽然使得整个演艺市场呈现活力，但是却参差不齐。虽然各种演艺产品适合观看的人群会有所不同，但是同一类型的演艺产品、同一地区的不同演艺产品之间也存在竞争。

要想理解演艺模式的生存状况，关键还是要分析这种模式提供了什么。各种演艺产品不是像某个物品一样销售给观众，而是可以反复进行演出，这说明演艺模式提供的是一种表演服务，也是一种文化服务。故此这种演出不仅可以实现剧场演出、景区演出，而且可以进行外出巡演。演出本身观众是拿不走的，但是演出的内容和形式却通过演出过程传递给了观众。如果从文化实践的角度来看，演艺模式其实是一种文化的生产和文化的传播过程。演艺产品的内核是文化，有了文化，整个演艺产品才具有了灵魂，而表演、服装、道具、舞台以及各种技术手段只是为了能够把文化展示出来。从这个意义上说，中国演艺模式的生存状况在一定程度上反映着中国当前的文化状况。

当前中国演艺模式中的文化实践可以从传统文化和现代文化、本土文化和外来文化、精英文化和大众文化所代表的三个维度来分析。传统演艺、民族民间演艺虽然保留了一定的传统文化因子，但内容和形式不免要向现代文化靠拢。外来演艺形式和本土文化内容是一种常见的搭配，但是大量的国外演艺产品（形式和内容都是外来文化）也在不断进入中国市场。精英文化下的舞台艺术创作尝试在精神上反映着什么，表达着什么，而大众文化下的演艺产品追求的则是娱乐，不需要思想的表达。比如在旅游演艺当中，创作者不是要在某种表演形式上进行多少艺术的追求，而是尽可能把各种能吸引大众的演艺形式放在一起，把不同类型的节目编排在一起。整台演出好像在生产一种工业产品，某段节目演出时间的控制，某个演员的服饰如何穿戴，动作做到什么程度，表情如何，都成为标准化程序。演出过程中，虽然也有主要演员和一般演员之分，但是所有角色都可以被替代，同一个角色同时配备几个演员。到了实景演出，表演的已经不只是歌舞、杂技等一个个的节目，而是用大量的人员穿上特定的服装，运用道具、舞台设施和科技手段，去表现各种场景，特别是许多实景演出是在晚上演出，一方面增加人们晚上的文化消费，另一方面借助夜色充分运用灯光的效果，来制造一种在场的真实感，这是对自然景观、人文历史、民俗传说、民族文化等文化元素的一种浅层次的表现。对于相当部分的观众来说，在观看演艺产品的时候，一般不大去理会其中表演的来历和文化的内涵，只要看着高兴，或者干脆看个热闹。是观众欣赏不了，还是不愿欣赏？这恐怕是演艺模式的未来需要思考的。

对于中国演艺模式的未来，如果仅从经济的角度来看，或许能提出其进一步发展的办法在于满足群众需求，扩大市场规模，突破票房收入的单一渠道等思路，但是文化实践的理论告诉人们关键在于文化创新，也就是演出节目的推陈出新，但是这个“新”是什么呢？应该是具有中国特色、民族特色、地方特色的演艺产品，也就是发展民族演艺。虽然这对当前中国的演艺市场来说是有挑战性的，生产演艺产品的一方是否对自身在文化格局中的位置有清醒的认识，能否从迎合观众需求到制造需求，怎样让中国的演艺产品更多地走出去，这些问题都影响着民族演艺的进一步成长。

第八章

节庆会展模式：怎样搭建文化平台

一　节庆会展模式中的文化实践

在文化产业当中，节庆会展模式的基本形式是通过举办具有特色的节庆会展活动吸引消费人群和企业参与，促进商品的展示、交易，从而拉动文化消费。节庆活动一般有特定的时间，会展活动除了特定时间外，还有特定的地点。在实际操作当中，节庆和会展常常相互带动，或借节办会，或以展促节。

节庆会展模式的特点之一是参与性较强。在节庆会展当中不仅能使消费者感受节庆氛围，并有机会同参展商家接触，而许多企业也有机会展示自身产品，通过这种方式加强了文化消费者和文化企业之间的联系。在节庆会展当中为了能够吸引更多人参与，往往集成了多项活动，比如文艺表演、经贸洽谈、体育赛事、学术会议等。某个地方通过举办节庆会展，如果能够起到引起或增加人们关注的作用，则可以推动举办地与外界的文化交流。一旦节庆会展的品牌建立后就会有较大的影响性，对地方形象的宣传营销作用也较强。

节庆会展是如何成为文化产业的一种模式呢？这可以从文化实践的角度进行分析。节庆是人类社会当中的一种文化创造。这种创造可能出于不同的原因，比如为了庆祝丰收，为了祭祀祖先，或为了纪念某个特殊人物等。节庆期间的活动在不同地域，对于不同民族来说，既有着相通的地方，也会有一定差异。

节庆和会展放在一起使用，其实已经反映了两者之间的关联性。举例来说，庙会既可以看做一种早期的节庆，也类似于一种早期的会展，但是古代的庙会和今天的庙会之间还是有一定差别。如果动态来看，古代的庙会最初多跟宗教活动有关，而后逐渐从宗教节庆向世俗化发展，但是今天的庙会则更像是一场在传统节庆（比如春节）期间举行的民俗会展，庙会当中的摊位出租跟会展场馆的展位出租不是很类似吗？但是办这样一种会展又是借庙会所体现的传统文化为主题，故此其中难免会混杂着一定反映民间信仰的活动。

现代节庆会展是现代社会当中的文化创造。工业文明是人类进入工业社会之后进行文化实践的产物。一些现代节庆正是对工业化所来的社会变迁的回应，比如“国际劳动节”的产生是由于工人对于资本主义社会当中苛刻工作条件的抗议。随着资本主义的发展，商品要想扩大流通范围，现代会展也随之出现。1851 年，在伦敦举办的世界博览会（即万国工业博览会）向人们展示了工业革命的成果。这次世界博览会的举办场所水晶宫（The Crystal Palace）则成为具有标志性的会展场馆。在工业文明随着西方列强的殖民扩张向全世界散播的过程中，这种现代节庆和现代会展也出现在非西方社会当中。

把节庆会展转化为文化产业，实际上是一种对节庆会展的再创造。举办节庆会展的一方往往会持这样一种观点，那就是“文化搭台，经济唱戏”，也就是把办节庆会展看做以文化搭建交流平台，通过这个平台发展经贸往来。既然是文化搭的台子，那么不妨称其为“文化平台”。这个文化平台一般有着比较明确的主题，也就是让人们清楚到底是在办一个什么节、什么会、什么展。从文化平台的功能来说，大体可分为三个方面，一是作为文化展示平台，这是对于举办方来说的，通过节庆会展实现宣传推介、招商引资、树立形象等目标；二是作为文化交流平台，这是对于参加节庆会展的企业、机构等供应方来说，通过节庆会展实现产品展示、信息交流、人员互动等目标；三是作为文化消费平台，这是对于需求方来说的，通过节庆会展实现获得信息、娱乐购物、休闲度假等目标，见图 8 – 1。

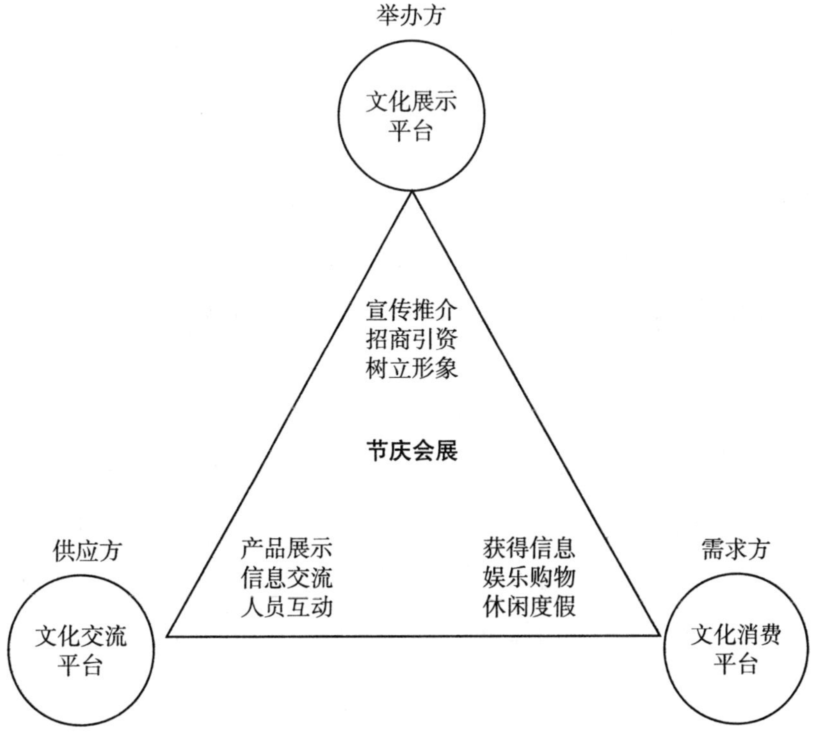

图 8 – 1　节庆会展作为各种文化平台的功能示意

随着近些年来文化产业在中国的升温，举办节庆会展本身已经成为文化产业的重要模式，而且许多地方把举办某些节庆会展作为重大文化产业项目来运作。这里通过一些例子对不同节庆会展当中体现出来的文化实践加以分析。

二　传统节庆：民族文化传承与开发

传统节庆是指那些在历史上形成的，存在时间较长的节庆，有的已经成为民俗活动的一部分。传统节庆体现着传统文化。对于某个民族或某些民族来说，传统节庆是其民族文化的重要组成部分。在中国，2007 年 12 月修订的《全国年节及纪念日放假办法》当中，有 4 个传统节庆被作为全体公民放假的节日，包括春节、清明节、端午节、中秋节。另外还有元宵节、七夕节、重阳节等传统节庆。

每到传统节庆之时，群众往往会自发进行庆祝，但是如果地方“举办”传统节庆，这个传统节庆就可能被转化为一种文化产业。在云南大理，当地白族每年过的传统节日三月街入选国家级非物质文化遗产名录。三月街一般从农历三月十五日开始。过去每到三月街，各地商人运物资前来进行交易，同时还进行赛马、唱歌等活动。1991 年，大理白族自治州把三月街定名为“大理白族自治州三月街民族节”①。为了开发这个民族节庆文化资源，大理专门成立了三月街民族节工作委员会，提出“千年赶一街，一街赶千年”的宣传口号。到了三月街，举办开幕式、赛马大会、地方名特优产品展销等活动，并利用三月街的机会推介大理州内的旅游项目，进行经贸洽谈，开展经济技术合作。游客来此还可以观看赛马以及各

① 杨晓源、段玠：《改革开放中的大理白族自治州》，《民族团结》1994 年第 4 期。

种民族的、民间的和民俗的活动，如“大理古乐节”展演、民族民间歌手比赛等。三月街期间的活动也在逐渐丰富当中，比如2007年开始，每两年举办一次环洱海自行车比赛，2012年举办了云南省首届中药材现代物流及电子交易博览会。这种发生在传统节庆当中的变化是值得注意的。

各个民族的不同传统节庆有着各自的特点，每个传统节庆当中往往有一个比较核心的文化主题，当把传统节庆转化成文化产业的时候，这些核心文化主题往往成为吸引人们参与的亮点。西双版纳傣族自治州、德宏傣族景颇族自治州把泼水节这个传统节日作为民族节庆文化资源进行开发。泼水节期间的泼水活动可以看做一种仪式性的活动，人们通过相互泼水表达祝福，包含着洗去不好东西（污垢、疾病等）的意义。另外，泼水活动也带有一种娱乐性，打破了平时人与人之间受到各种身份的约束，体现人与人的平等。这些特点使得泼水节容易吸引更多的人参与。泼水节期间还有许多民俗活动，比如放孔明灯、放水灯、龙舟赛等。泼水活动加上这些民俗活动，让泼水节能够把传统性和参与性结合起来，这给另外的活动开展创造了条件，比如在泼水节期间举办的西双版纳边境贸易旅游交易会到2013年已经是第16届。

四川省凉山彝族自治州、云南省楚雄彝族自治州抓住火把节这个民族节庆文化资源发展节庆文化产业。火把节围绕火文化这个主题展开。火对于人类最初的发展有着重要意义，在有些民族当中形成了对火的崇拜。随着时间推移，火的特点被寓意在许多民族的文化当中，比如从火把节的相关传说就可以发现点燃火把有去除不好东西（比如虫灾）的意义。火把点燃之后可以照明，故此火把节的晚上格外热闹，人们手中拿着火把，围着篝火进行歌舞，晚上还可以燃放焰火。除了关于火的活动之外，火把节期间还有斗牛、斗羊、摔跤等活动。1994 年，凉山州举办了首届中国凉山彝族国际火把节，以后每三年举办一届。2010 年举办了第 6 届，不过 2013 年把办节时间调整为每五年举办一次，其余年度由市县自行举办[①]。火把节搭建的文化平台，不仅给当地带来了项目，而且带来了大量游客。据报道，2013 年西昌凉山彝族火把节期间签约 24 个项目，总投资超过 250 亿元[②]。火把节期间全州共接待游客 269. 82 万人次，实现旅游收入 6. 16 亿元[③]。2013 年楚雄彝族火把节招商引资项目推介会共签约 19 个项目，协议总投资达 182. 2 亿元[④]。火把节期间全州接待国内外游客 70. 66 万人次，实现旅游收入 1. 68 亿元[⑤]。

从过传统节庆到办传统节庆，这种差异体现在把传统节庆转化为一种文化平台。一个民族的传统节庆，对于该民族的大多数人来说都被当作一种风俗进行庆祝，在办节庆当中的各种活动，除了增加节日气氛之外，也可以拉动本地人的消费。而对于外地人来说，这种民族节庆就好像是一场盛大的表演，不仅可以从中了解到该民族的文化，而且还可以亲自参与某些活动。这里面的问题是，如果要更多吸引外地游客，使之在本地进行吃、住、行、游、娱、购等消费，就要考虑到外地游客的兴趣所在。外地游客前来参与民族节庆的目的可能有多种，专门研究者可能更在乎从中了解民族文化，

---

① 凉山州人民政府办公室：《关于调整凉山彝族国际火把节办节时间的通知（凉府办函［2013］111 号）》，http：//www. lsz. gov. cn/tabid/74/InfoID/279812/Default. aspx。

② 李洁：《今年火把节西昌很“红火”》，《凉山日报（汉）》2013 年 8 月 8 日第 A01 版。

③ 《两百多万游客凉山过节》，《凉山日报（汉）》2013 年 8 月 8 日第 A01 版。

④ 聂根鹏：《火把节烧旺楚雄经济》，《昆明日报》2013 年 8 月 1 日第 7 版。

⑤ 《今年火把节全州实现旅游收入一亿六千多万元》，http：//www. cxs. gov. cn/file_read. aspx？id = 73988。

但这部分人毕竟是少数，更多游客前来参与民族节庆重点并不是放在学习和研究上，而是作为一种休闲度假的娱乐方式。因此，这种办传统节庆的方式就难免按照商业经营的方式进行运作，或许传统仪式和民俗活动有一些被保留下来，但是否在形式和内容上发生了一定变化呢？是否会新发明一些“传统”来满足现代人的好奇心呢？另外，利用传统节庆创造的文化平台可能并不局限于“传统”，还会增加许多新的活动，如表演、比赛、会展、贸易等，从而使传统节庆的功能得以拓展。这种拓展可以大体上认为是把传统节庆转化为文化产业所采取的某些办法。

三　现代节庆：娱乐与商机

现代节庆是以某种文化资源为依托，经过专门策划形成的节庆活动。现代节庆所涉及的内容广泛，比如餐饮（如青岛国际啤酒节、中国豆腐文化节）、服装（如大连国际服装节、宁波国际服装节）、花卉（如开封菊花文化节、洛阳牡丹文化节）、旅游（如北京国际旅游节、上海旅游节）、艺术（如南宁国际民歌艺术节、吴桥国际杂技艺术节）、古代名人（曲阜国际孔子文化节、徐霞客开游节）等。这里以哈尔滨借助冰雪文化创办的各种现代节庆为例，来对这种文化实践进行分析。

哈尔滨位于中国东北，是黑龙江省省会城市。哈尔滨的气候特点是冬季寒冷，每年有长达 4 个月左右的冰期。早在 1963 年，哈尔滨就创办了冰灯艺术游园会，在兆麟公园举行，这个游园会到 2013 年已经是第 39 届。由于有冰灯艺术游园会打下的基础，加上 20 世纪 80 年代初群众冰雕活动、冰雪体育活动的活跃，1985 年该市又创办了哈尔滨冰雪节。2001 年哈尔滨冰雪节与黑龙江国际滑学节合并改称“中国哈尔滨国际冰雪节”。到2013年，该冰雪节已经举办了29届。冰雪节每年1月5日开始，持续时间为1个月。冰雪节的活动多种多样，从最初若干届的实践来看可分为5大系列[①]，观赏型系列包括冰灯、冰雕、雪雕、彩灯、冰雪文艺演出；娱乐型系列包括坐冰帆，打冰橇，打滑梯，坐雪地摩托，坐狗、羊或驯鹿爬犁，坐小火车穿冰洞，打冰尜，划冰舢板；游览型系列包括坐马爬犁过松花江、乘直升机饱赏市容、坐热气球在高空鸟瞰；锻炼型系列包括滑冰、滑雪、冬泳等；购物型系列包括购买特色商品，如冰棍、冰糕、冰点、冻苹果、冻梨、冻柿子等冰冻食品，还有冰雪旅游纪念品等。后来随着经费的增加、技术的改进、知名度的增强，冰雪节的活动也不断增加，比如迷宫、城堡等一些体验式的冰景，雪地足球、冰上碰碰车、雪上卡丁车等。

借助冰雪节的影响，别的一些节庆会展也被创办，比如1989年创办了哈尔滨冰雪电影艺术节，后改称“哈尔滨冰雪电影节”。1989年，在太阳岛举办雪雕游园会。2000年，第12届雪雕游园会改名为“哈尔滨太阳岛国际雪雕艺术博览会”（简称“雪博会”）。2012年，第25届雪博会以“雪的世界，雪的梦想”为主题，设置了以音乐命名的七大景区，分别是“梦想前奏曲”“时光进行曲”“生命奏鸣曲”“世界摇篮曲”“欢乐狂想曲”“浪漫小夜曲”“盛世圆舞曲”。其中既有雪雕作品的展示，还有为游人设计的娱乐体验活动。雪博会期间还举办了第13届黑龙江省雪雕比赛，第19届全国雪雕比赛，第18届国际雪雕比赛。另外还有身着卡通形象服装的巡游，秧歌、高跷、皮影戏表演，游客还可以参与雪雕DIY

① 王景富：《哈尔滨冰雪节的由来和发展》，《黑龙江史志》1996年第1期。

以及玩雪、亲雪、赏雪、戏雪[①]。

1999 年，哈尔滨冰雪大世界创办。从第 4 届开始把地址移到太阳岛西区，由哈尔滨马迭尔集团承办。2013 年 1 月 5 日，第 29 届哈尔滨国际冰雪节开幕当天，第 14 届冰雪大世界也正式开园。该届冰雪大世界园区建设规划区 60 万平方米，共分为 9 个景区，分别是冰晶宫景区、神话园景区、海螺湾景区、冰河世纪景区、冰啤波尔卡景区、冰川雪谷景区、迪士尼景区、国际冰雕大赛景区、欢乐颂景区。该届冰雪大世界以“梦幻林海雪原·神奇冰雪动漫”为主题，项目和活动见表 8－1。第 29 届哈尔滨国际冰雪节以“满城冰雪，欢乐天地”为主题，同日开幕的还有首届寒地博览会。冰雪节期间，还举办第 13 届中国企业家论坛年会、2013 冰雪之约活动[②]。

表 8－1 第 14 届冰雪大世界的项目和活动

项目·活动		项目和活动内容举例
冰雪动漫景观		冰河世纪大型雪雕、冰雪版愤怒小鸟乐园、蓝精灵雪堡
第三届中国冰雪动漫节		冰雪焰火开幕式、中国冰雪动漫论坛、冰雪美少女选拔赛、全国 cosplay 挑战赛
第二届国际组合冰冰雕比赛		冰雕作品创造
演出	“冰雪欧秀”	法国红磨坊歌舞，融合了现代舞、拉丁舞、华尔兹、性感舞、万圣节舞、魔术表演等
	大型冰上特技秀“COOL·哈尔滨”	杂技技巧与滑冰技术相结合，冰上舞蹈，冰上鼓韵
	大型冰雪实景演出《林海雪原》	“北国风光”“虎胆英雄”“胜利会师”三个章节，包括花样滑冰表演（俄罗斯演员）、滑雪速降、现代京剧“智取威虎山”选段等

资料来源：马迭尔集团宣传部《第十四届哈尔滨冰雪大世界于 3 月 6 日圆满落幕》，http：//www.hrbicesnow.com/news/16/897。

① 《第 25 届雪博会活动介绍》，http：//www.xuebohui.com.cn/2013/sub6.html。

② 马任琼、冯琦：《哈尔滨国际冰雪节：冰情雪韵精彩纷呈》，《黑龙江经济报》2013 年 1 月 14 日第 5 版。

从哈尔滨国际冰雪节的发展情况来看，每一届的主题和形式在发生着变化，而且不断推进国际化。值得注意的是，一个中国城市举办的节庆为何叫作“国际”冰雪节？关于此，可以从这样几个方面来理解，第14届冰雪大世界当中以外国动漫题材制作雪雕景观，合作方包括美国20世纪福克斯公司、芬兰路威（Rovio）公司、比利时“蓝精灵”公司等；第二届国际组合冰冰雕比赛的参赛队包括中国、俄罗斯、韩国等10个国家的15支代表队；欧洲风情歌舞演出团由来自欧洲国家的专业演员组成；大型冰上特技秀“COOL·哈尔滨”由美国拉斯维加斯CAP演出创意制作公司编导，联合出品方除了中方企事业单位外，还包括美国国际特别项目公司。由此可见，所谓国际化不但体现在中外合作打造节庆项目，而且体现在来自国外的参与演出人员、参与比赛人员，当然国际化也包括国外的观众和游客。

四　文化会展：文化产业自身的展示

会展，顾名思义，让人想到会议、展览。会展的基本操作一般是在一个特定地点，围绕某个主题将相关的机构、企业、人员、商品等集中起来，来自不同机构、企业的人员可以相互交流，相关的商品以实物加上一定的文字、图片、语音、影像等进行展示，有兴趣的人员可以前来参观、洽谈等。举办一个会展，对于会展场馆来说，可以通过场地出租获得收入；会展时间、地点定下来后，举办方投入媒体广告，吸引更多人前来参与；有专门的会展企业负责布景、背景板和展台的设计、搭建等；印刷企业可以为参展单位准备一些宣传品服务。

在中国，现代会展业的发展历史并不算太长。1910年，在南京举办了南洋劝业会[①]。1929 年，在杭州举办了西湖国际博览会。1957 年创办的中国出口商品交易会（广州交易会，简称“广交会”）从 2007 年更名为中国进出口商品交易会。1999 年在昆明举办了世界园艺博览会。2001 年，在海南举办了博鳌亚洲论坛。2010 年在上海举办了世界博览会。各个时期的会展反映了当时中国的经济实力、社会风貌、国际地位等。

会展也有不同的种类，有综合性的会展，也有专业性的会展。从文化产业的角度来看，本书重点讨论的是与文化产业项目、文化产品相关的一些会展。中国（深圳）国际文化产业博览交易会（深圳文博会）是当前中国具有代表性的综合性文化会展之一。深圳文博会于 2004 年 11 月举办了第 1 届，到 2013 年已经举办了 9 届，各届参展机构、企业数量如图 8－2。为了办好这个展会，深圳报业集团、深圳广播电影电视集团、深圳出版发行集团公司联合出资，2005 年 4 月成立了深圳国际文化产业博览交易会有限公司，由深圳报业集团控股并经营管理。2006 年，公司引进展会客户数

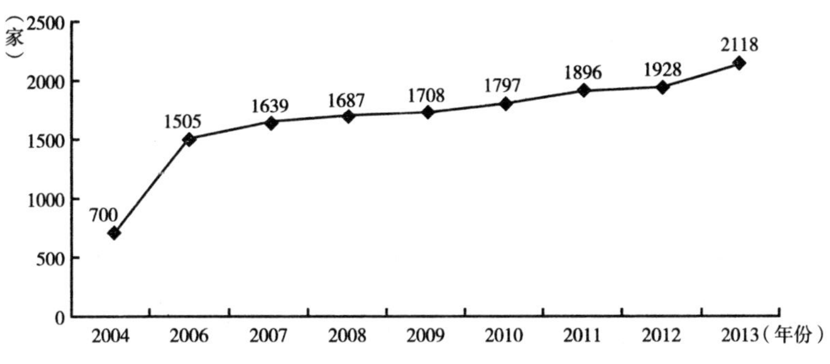

图 8－2　深圳文博会参展机构、企业数量

资料来源：《历届文博会交易数据》，http：//www.cnicif.com。

① 马敏：《清末第一次南洋劝业会述评》，《中国社会经济史研究》1985 年第 4 期。

据库软件，对展商和观众信息进行数据统计分析。公司还从参展证件、现场门禁扫描、工程搭建、展会服务、视觉形象识别体系等方面提升深圳文博会的品质[①]。

除了深圳之外，大型综合性文化会展还有中国北京国际文化创意产业博览会（2006 年创办）、中国义乌文化产品交易博览会（2006 年创办）。分区域的综合性文化会展有中国西部文化产业博览会（2005 年创办）、中国东北文化产业博览交易会（2005 年创办）、中国中部（武汉）文化产业博览交易会（2006 年创办）。另外还有地方的综合性文化会展，如山东文化产业博览会（2006 年创办）、云南文化产业博览会（2013 年创办）、山西文化产业博览交易会（2013 年创办）等。

除了综合性文化会展之外，还有专业性文化会展。在新闻出版方面，有全国图书交易博览会、中国国际音像博览会、北京国际图书博览会、上海书展等。在广播影视方面，有中国国际广播影视博览会、中国国际广播电视信息网络展览会等。

在工艺品方面，有中国民间工艺品博览会、昆明（泛亚）国际民族民间工艺品博览会等，还有一些具有地域特色、民族特色的文化会展，如青海国际唐卡艺术与文化遗产博览会、和田玉石文化旅游节暨手工羊毛地毯博览会等。

其他文化会展还有中国国际动漫游戏博览会、中国（天津）演艺产业博览会、中国国际演艺设备与科技论坛等。

除了以“博览交易会”“博览会”“展览会”“论坛”等为名举办的文化会展之外，还有一些节庆，实际上也具备文化会展的性

① 叶建强：《欲穷千里目更上一层楼——从深圳文博会看我国文化会展产业化运作的现状和发展思路》，《中国文化报》2008 年 9 月 12 日第 8 版。

质，如中国艺术节、中国国际动漫节、中国国际漫画节、上海电视节、上海国际电影节等。

中国的文化会展是了解中国文化产业发展情况的平台。在文化会展上除了文化产品展示、文化产业项目推介、文化贸易之外，还有各种论坛、评奖、节庆活动。如今许多文化会展还借助网络形式，这种形式和网下会展之间的关系还有许多可探讨之处。

五　中国节庆会展如何变得更有品位

改革开放以来，随着中国经济快速发展，全国各种节庆会展非常之多，其中不乏主题重复、形式雷同的情况。为什么各地会热衷于制造节庆和举办会展呢？从表面上看，各地方力图利用节庆会展创造商机恐怕是一个重要原因。节庆会展可以起到信息发布的作用，通过节庆会展可以把本地特色产品、特色旅游资源、特色文化资源向外推介。节庆会展还可以带动本地餐饮、住宿、娱乐、交通、物流等相关消费。此外，通过举办节庆会展还可以树立地方形象。

另一个问题是为什么参与者愿意参加节庆会展？一个原因是节庆期间营造出一定的欢乐气氛，加上丰富多彩的活动，容易引起人们的兴趣。会展时同行之间可以彼此了解对方的情况，供应方和销售渠道之间、供应方和需求方可以直接见面，减少了中间环节，供应方可以把自身的企业形象展示出来，需求方可以直接询问有关问题，双方可以进行讨价还价，可以签订意向书，甚至达成交易。

从当前中国节庆会展发展的情况来看，不管是节庆会展的策划，活动的组织，还是具体的运营变得越来越专业化。在众多节庆会展当中，那些首创的、具有唯一性的，或特色突出的节庆会展更容易引起人们关注。在节庆会展的形式和内容方面，很多时候是节庆当中有会展，会展当中有节庆，而且所涉及的活动越来越多，有时候原本是某个地方、某个民族举办节庆会展，但是别的地方、别的民族的文化也可以出现。节庆会展当中还加入经贸、旅游、体育等活动。

节庆会展作为文化产业的一种模式，主要是提供文化平台，可以帮助拉动当地经济，对当地进行宣传，同时对于参与者来说也可能会带有观赏性、娱乐性。不管是提供这个文化平台的一方，还是利用这个文化平台的一方，都是在进行文化实践。对于这样一种文化实践，可以从传统文化和现代文化、本土文化和外来文化、精英文化和大众文化所代表的三个维度来分析。

传统节庆虽然有不少延续至今，但是可以看到在保留某些传统习俗之外，还增加了某些“时代感”。所谓的“时代感”是什么呢？就是现代人生活方式的传达，比如用短信发送祝福，发送电子贺卡等。不过，传统节庆已经变得和现代节庆一样，其民俗意义并非重点，而是被用来制造大众娱乐和消费，其背后是现代消费文化的体现。不管是节庆当中的活动，还是节庆期间的一些会展上琳琅满目的商品，都刻意去刺激人们进行消费。

中国各地举办节庆会展，不乏挖掘本土文化的情况，但是不能忽视的是外来文化的影响，圣诞节、愚人节、情人节等外来节庆的热闹程度并不亚于中国本土的节庆。值得思考的是，人们是否对这些外来节庆背后所体现的文化有真正认识呢？其实，之所以会出现相当一部分人“欣然”接受这些外来节庆的现象，这背后很大程度上是有商家在推波助澜。还有一种现象是，国内的现代节庆会展有很多具有国际化的倾向，比如国外的企业参与策划制作，国外品牌前来参展，国外表演团队前来演出等。通过一个节庆或一次会展当中不同文化之间的交流促进相互理解固然是一方面，但是还要注意的是本土文化和外来文化之间的碰撞，以及不同文化谁对谁的影响更大。

节庆会展的火热情况，其实是在大众文化流行时代的一种社会现象，因为这种模式要求有广泛的社会参与。不过其负面影响也显而易见。举例来说，本来专业会展为企业提供了同行竞技的舞台，鼓励企业进行产品创新，但是所谓的“创新”很难说有多少是真正推动时代变革，而是在刺激大众消费，比如产品外观上做得漂亮一点，增加许多不必要的功能等。另外在一些节庆会展上还能看到不少媚俗的做法，比如汽车展上出现的汽车模特，其用来推销汽车主要不是靠解说，而是靠衣着暴露，这是典型的把人的外表变成吸引眼球的工具。

节庆会展模式固然搭建了一个文化平台，但值得注意的是节庆会展本身也体现了某种文化。对于当前中国的许多节庆会展，一些人提出这样的疑问：传统节庆有多少“传统”？现代节庆和现代会展不就像是一个集贸市场吗？由此不难发现，缺乏文化氛围的节庆会展可能最终会让人们失望。那么中国在发展民族节庆会展当中，该如何解决此类的问题呢？文化实践的理论告诉人们，举办民族节庆会展，除了要为民族文化的宣传和传播搭建平台之外，还要通过提升节庆会展的文化内涵来发展民族文化。

提升民族节庆会展的文化内涵就是要使节庆会展具有特色的文化氛围，让人们在参与的时候能够感受到其独特性，并且这种独特性是以真善美的价值原则为基础塑造出来的，比如参加一个民族节庆（不管是传统节庆，还是现代节庆），让人感受到这个民族的质朴纯真，而不是奢侈浪费；参加一个会展，让人体会到科技日新月异能给人带来生活的便利，而不是鼓励人们拿着先进科技产品炫耀。这样的民族节庆会展才能建立起品牌，才能扩大其影响力，才能持久，而不是落得从最初的热闹到逐渐冷清，过不了几届就办不下去的下场。

第九章

文化市场模式：如何进行文化交易

一　文化市场模式中的文化实践

作为文化产业的一种模式，文化市场模式的基本形式是建立一个相对固定的场所，使人们能够在那里进行文化交易。为了更好地理解文化市场模式，可以和节庆会展模式进行比较。节庆当中虽然也可能会创造一定的交易机会，但有相对特定的时间，且地点可以临时选择，比如临时搭建市场。会展当中虽然也有一定的交易机会，且有指定的时间和场所，但是有一定的会展期限。而文化市场一旦建立起来，从时间来说，基本上是长期开放，虽然也可能会设置一定的交易时段；从地点来说，场所相对固定，人们只要符合某个文化市场允许进行交易的条件就可以在该市场进行交易。

文化市场也是市场，也符合市场的特点。一个市场如果要想维持下去，要有卖方、买方的存在。如果双方选择在一个地点集中进行交易，久而久之，人越来越多，就可能形成一个市场。文化市场也可能会这样自发形成，比如人们喜欢到某一地点去买卖旧书，这个地方就可能形成一个旧书市场。不过，市场并不都是这样自发形成的。人们可以专门创造出来一个交易场所，用来进行某些方面的交易，如果真的能够把一部分人吸引过来，就可能形成一个市场。这种创建市场的方式，也可以应用到创建文化市场当中。

现在的问题是，如何把创建文化市场变成文化产业的一种模式。由于建立文化市场本身就是一种文化实践，人们进行文化交易也是一种文化实践，故此可以运用文化实践的理论进行解释。

文化市场的基本功能是实现文化产业当中商品、服务、生产要素等的流动，比如文化产品、文化服务、文化设备、文化产权、文化科技成果、文化产业从业人员等。文化市场起到的作用包括组织文化交易，联系文化企业和文化消费者等。如果建立起一个场所，有专门人员统一进行管理，并且满足上述功能，就可能形成某种文化市场。为了使文化交易更加便捷，文化市场还要为文化交易提供相应的设施和服务，比如宣传、营销、仓储、物流、结算、安保、后勤等。有这些作为基础，就有了文化市场本身的经营活动。从盈利方式来看，文化市场不仅可以通过出租摊位、商铺获得收入，还可以从仓库、停车场等配套设施当中收取费用。

当然文化市场除了一般市场的交易功能和宣传展示功能之外，还有一些特殊性。由于文化市场是文化和市场的结合，故此文化市场宣传、展示的不仅仅是商品，还包括文化市场本身。这一点很重要，也就是说文化市场本身就是某种文化的载体。

文化市场有综合性的，也有相对专业性的。有些文化市场是供应方驻留在这个市场当中，需求者如果要购买文化产品可以到那里去。有些文化市场是供应方如果要出售，需求方如果要购买都可以到那里去。这说明文化市场本身的形态有多种，而不同文化市场上的交易对象也会有一定差异。这里通过一些例子来对人们建立不同文化市场的文化实践进行分析。

二　古玩城：不只是历史遗留文化物品交易市场

古玩，或称古董，是指古代留传下来的器物。虽然古玩和古董的含义并没有太大差别，但是古玩当中“玩”字，似乎体现出一定的玩赏味道，进而又可以联系到收藏。不过提起古玩，还要联系到另一个概念，也就是文物。

文物可以大体理解为历史上遗留下来的文化物品，由此得知，古玩和文物这个概念之间关系密切，但是从法律角度还是要有所区分。1982 年 11 月 19 日，第五届全国人民代表大会常务委员会第二十五次会议通过《中华人民共和国文物保护法》，1991 年对其中两条作了修正，2002 年进行了修订，2007 年进行了第二次修正，2013 年又对其中两条作出修改。这部法第二条提到的受国家保护的文物包括：①具有历史、艺术、科学价值的古文化遗址、古墓葬、古建筑、石窟寺和石刻、壁画；②与重大历史事件、革命运动或者著名人物有关的以及具有重要纪念意义、教育意义或者史料价值的近代现代重要史迹、实物、代表性建筑；③历史上各时代珍贵的艺术品、工艺美术品；④历史上各时代重要的文献资料以及具有历史、艺术、科学价值的手稿和图书资料等；⑤反映历史上各时代、各民族社会制度、社会生产、社会生活的代表性实物[①]。如果仔细区分，古玩更接近于其中的实物、艺术品、工艺

① 《中华人民共和国文物保护法》，http：//www. gov. cn/flfg/2007 - 12/29/content_847433. htm。

美术品等可移动文物，但在时间上一般指古代，而不是现当代。

关于古玩的流通，涉及文物的部分要依据《中华人民共和国文物保护法》和《中华人民共和国文物保护法实施条例》。《中华人民共和国文物保护法》中的第五章对民间收藏文物作出了规定，第五十条如下："文物收藏单位以外的公民、法人和其他组织可以收藏通过下列方式取得的文物：①依法继承或者接受赠与；②从文物商店购买；③从经营文物拍卖的拍卖企业购买；④公民个人合法所有的文物相互交换或者依法转让；⑤国家规定的其他合法方式。文物收藏单位以外的公民、法人和其他组织收藏的前款文物可以依法流通。"[①]

实际上，在当前中国的一些古玩市场上，交易的商品种类不仅包括古代器物或文物，还包括别的东西。由于种类繁杂，有的就笼统称为"古玩艺术品市场"，或是用更加含混的词汇，比如北京的潘家园旧货市场干脆称为"旧货市场"，在这里除了古玩之外，还有古典家具、民间工艺品、珠宝玉石、书法绘画、书报画刊、文房用品、票证卡币、旧式钟表、相机、电器、玩具等。

古玩市场在一些地方又叫做"古玩城"，如北京古玩城、上海古玩城等。在辽宁，锦州古玩城是由2001年建成的辽西文化古玩商城更名而来。该古玩城主要经营古玩、化石、图书、艺术品等。锦州古玩城采用仿古建筑风格，一层有240间精品屋和500多个摊位，二层作为展销中心，有248个展位[②]。为了扩大影响，该古玩城通过吸引民间组织进入、举办讲座等培养爱好者，通过举办地摊集

---

① 《中华人民共和国文物保护法》，http：//www. gov. cn/flfg/2007 - 12/29/content_847433. htm。

② 孙丹、徐翔：《古玩城如何被打造成文化产业之舰》，《锦州日报》2011年9月2日第A02版。

市、展销会、古玩文化节等方式吸引商家。从 2006 年开始举办的锦州古玩文化节，到 2013 年已经举办 8 届。

2002 年建设的深圳古玩城，由民营企业投资兴建，有各类展馆、经营场馆 3000 多间，古玩经销商 700 多家，茶商 800 多家，葡萄酒、翡翠珠宝商 300 多家，还有不少画廊和紫砂壶一条街。由此也能看出在古玩城当中不仅是古玩交易。深圳古玩城力推“四馆一城一典范”，“四馆”包括玉器博物馆、华夏遗珍馆、百年普洱茶珍藏馆、百大珍稀葡萄酒博物馆；“一城”是指翡翠珠宝城；所谓“一典范”是指“金玉满堂”，也就是玫瑰金和玉器制作工艺结合的金镶白玉。从 2003 年起，深圳古玩城还举办全国古玩珠宝艺术品交流会、中国白玉精品暨玉雕大师作品展、中国茶文化节等节庆会展。

淄博荣宝斋书画古玩城，是把“荣宝斋”的品牌引入淄博建立的古玩艺术品市场。荣宝斋始建于清代，经过几百年的发展，已经成为一个在书画经营、文房用品、木版水印、装帧装裱等方面颇有影响的文化企业，并且办有荣宝斋出版社，出版期刊《荣宝斋》和《艺术品》。当地有人想到把“荣宝斋”引入淄博，建起了荣宝斋大厦，2005 年启用，其中一到六层作为书画古玩城，大约有 160 多家商铺。从经营来看，一到四楼主营珠宝玉器、陶瓷、古典家具、字画、古玩等，五六楼为艺术展览厅、拍卖厅兼多功能综合厅。

古玩的交易、收藏离不开古玩的鉴定。由于时间不能倒退，古代遗留下来的东西毕竟有限，但是人们对于收藏古玩的兴趣以及投资的热情又明明摆在那里，于是一些商家开始在假的古玩上做文章，其中有些直接售卖仿制品，有些则用赝品充当真品。古玩市场从摆地摊交易到古玩城的企业经营，实际上表现出社会对于文化市场的一种要求，即文化市场要走向规范。在不规范的古玩市场上，假货充斥，真假难辨，这其实是一种低层次的竞争方式，商家没有诚信，经营也难以长久。有些古玩城本身由企业经营，古玩城管理方对入驻商家有一定的诚信要求，比如北京古玩城提出的要求是：高中以上文化程度，行业从业三年以上，一定行业影响力，形成了自己的品牌，两名经营担保人，担保人必须是文物、文化系统的专业人士、北京古玩城行业公会理事、北京古玩界的知名人士或收藏家，古玩城被评为“诚实守信”的经营户。北京古玩城还成立行业公会组织，通过《行规民约》《诚实守信商德公约》[①]。这些其实是建立一定的市场规则。

三　如何将民族文化融入文化市场当中

在促进民族文化产品流通和文化贸易活跃方面，民族文化市场发挥着重要作用。同时民族文化市场又是展现民族文化的场所，一些民族在历史上形成了具有本民族特色的商业文化，在发展民族文化的时候可以把这种商业文化加以放大，打造具有民族特色和现代气息的民族文化市场。

“巴扎”是集市、农贸市场的意思。这是一种具有民族特色的传统商贸市场。这种市场在新疆许多地方都有长久的历史。能否利用乌鲁木齐市的区位、交通优势，建设一个现代版的大巴扎，让这个大巴扎既能成为商品集散地，又能成为展示民族文化的文化市场呢？有民营企业想到了这一点，2002 年投资兴建了新疆国际大巴扎，2003 年开业，占地面积 3 万多平方米，建筑面积约 9 万平方

---

① 畅达：《赵津生：破译北京古玩城成功之谜》，《收藏界》2005 年第 8 期。

米。国际大巴扎包括商业楼、步行街、宴会厅、美食广场、欢乐广场、观光塔、表演广场、露天舞台、清真寺等，使得市场本身具备复合功能。剧院式大型演艺宴会厅可容纳千人，游客在这里可以一边就餐，品位民族饮食文化，一边欣赏民族歌舞表演。在美食广场，游客可以品尝当地特色餐饮。在欢乐广场，游客可以到工艺品店购买各种各样的民族工艺品。观光塔高 80 米，底部环绕以十二木卡姆为主题的浮雕群，塔的第一层为观景台，第二层为酒吧。2010 年，新疆国际大巴扎开发有限公司被文化部命名为第四批"国家文化产业示范基地"。

如何理解民族特色和现代气息相结合？以新疆国际大巴扎为例，从文化市场本身来说，其建筑风格体现了浓郁的民族特色，表现在建筑空间、建筑装饰、外观色彩、工艺砌砖的使用等方面，设计者认为具有民族色彩并不等于复古，而是传其神，"（民族的、传统的、地域的）这种特色的形成是一系列的建筑、社会、历史、地域、人文、民俗等因素综合而成，它们包括：建筑传统定位于中亚、新疆，它们有共同的空间构成状态，以取得人们的认同；吸取维吾尔建筑形体多变、自由灵活、大街小巷巴扎街市的特色而引起人们对传统的回忆；色彩、材质用砖本色，既不是古罗马的砖红，也不是中原的青砖色，而是特定的地域特色，这本身就是一种人文、地域的宣言；建筑符号的半圆拱、圆顶、平尖拱的大量重复使用是人们对伊斯兰建筑的总体印象；建筑外墙工艺砌砖的图案，直接来源于中亚和新疆的大量传统建筑"①。但是建筑功能却具有现代建筑的特点，在空调、通风、照明、交通疏散、卫生等方面遵守

① 王小东：《播种的历程——新疆国际大巴扎建筑群创作补记》，《城市建筑》2004 年第 3 期。

相应规定。大巴扎当中的空调、电梯、自动扶梯、玻璃幕墙以及轻钢和玻璃制造的穹顶都表明其现代气息[①]。从文化市场内的商品和商家来说，大巴扎内不乏民族服饰、民族乐器、民族地毯、民族医药、民族工艺品、土特产品等商品，但也有来自外地、外国的商品，这是市场本身的特性所致，市场就是要通过买卖使商品能够在不同地方流动，而大巴扎的招商引资，也吸引了跨国企业在此开设店铺。虽然不能说把民族文化融入文化市场就要拒绝来自国外的企业，如果那样一味拒绝外来文化恐怕也不可能产生古代著名的丝绸之路，但是倘若文化市场蜕变成一个标准化的超市，谁还会专门来看新疆国际大巴扎呢？

四　特色文化街区式的城市文化市场

在一个城市当中，某些街道既是商业街区，又是特色文化街区，这样的地方也可以形成文化市场。这种文化市场的建设既可以利用城市当中原有的一些本来就具有一定历史文化特点的街区，也可以对某些街道进行改造。城市文化市场可以作为展现当地文化的地方。

在一些中国城市当中有不少传统格局和历史风貌保存较完整，具有一定历史文化特色的街区。经文化部和国家文物局批准，从2009年开始，中国文化报社和中国文物报社联合主办了“中国历史文化名街”评选推荐活动，到2013年已经举办了5届，各届入选名单如表9－1。

---

① 王小东：《特定环境及其建筑语言——新疆国际大巴扎设计》，《建筑学报》2003年第11期。

表 9-1　“中国历史文化名街”入选名单

届次	年份	入选名单
第一届	2009	北京市国子监街、山西省晋中市平遥县南大街 黑龙江省哈尔滨市中央大街、江苏省苏州市平江路 安徽省黄山市屯溪老街、福建省福州市三坊七巷 山东省青岛市八大关、山东省潍坊市青州市昭德古街 海南省海口市骑楼老街、西藏自治区拉萨市八廓街
第二届	2010	江苏省无锡市清名桥历史文化街区 重庆市沙坪坝磁器口古镇传统历史文化街区 上海市虹口区多伦路文化名人街、江苏省扬州市东关街 江苏省苏州市山塘街、天津市和平区“五大道” 北京市什刹海烟袋斜街、黑龙江省齐齐哈尔市昂昂溪区罗西亚大街 福建省漳州市历史文化街区、福建省泉州市中山路
第三届	2011	山西省晋中市祁县晋商老街、江苏省无锡市惠山老街 上海市徐汇区武康路历史文化名街、福建省龙岩市长汀县店头街 广东省潮州市太平街义兴甲巷、安徽省黄山市歙县渔梁街 贵州省黔东南州黎平县翘街、浙江省杭州市清河坊 河南省洛阳市涧西工业遗产街 云南省大理白族自治州巍山彝族回族自治县南诏古街
第四届	2012	福建省厦门市中山路、四川泸州市合江县尧坝古街 西藏自治区江孜县加日郊老街、陕西省榆林市米脂古城老街 江苏省南京市高淳县高淳老街、山东青岛市小鱼山文化名人街 浙江省临海市紫阳街、吉林省长春市新民大街 广东省深圳市盐田区中英街、安徽黄山市休宁县万安老街
第五届	2013	广东省广州市沙面街 上海市静安区陕西北路(新闸路—巨鹿路段)历史文化名街 河南省濮阳县古十字街、江西省上饶市铅山县河口明清古街 安徽省宣城市绩溪县龙川水街、广东省珠海市斗门镇斗门旧街 福建省石狮市永宁镇永宁老街、广东省梅州市梅县松口镇松口古街 江苏省泰兴市黄桥老街、四川省大邑县新场古镇上下正街

资料来源：①吕天璐、程竹《首届中国历史文化名街评选推介活动揭晓》，《中国文化报》2009 年 6 月 12 日第 1 版；②乔欣《延续和传播名街保护理念——第二届“中国历史文化名街”授牌侧记》，《中国文化报》2010 年 6 月 16 日第 5 版；③徐斐《第三届“中国历史文化名街”评选揭晓》，《济宁日报》2011 年 6 月 12 日第 1 版；④江继兰、李佳霖《推动街区保护打造文化品牌——2012 年“中国历史文化名街”授牌仪式综述》，《中国文化报》2011 年 6 月 13 日第 8 版；⑤李佳霖《让历史街区保护走可持续发展之路——第五届“中国历史文化名街”终评会综述》，《中国文化报》2013 年 6 月 11 日第 8 版。

这些历史文化名街，其中一些不仅是当地的著名景点，而且还成为当地的文化市场，安徽省黄山市屯溪老街就是一例。屯溪老街临近新安江，率水、横江在此交汇，便利的交通对经商有利。徽商是中国古代著名商帮，到了屯溪老街，从这条古老的商业街当中还能感受到昔日徽商的形象。从街区历史和建筑特色来说，条石铺地，街两边的房屋有着徽派建筑典型的马头墙，显得古香古色，整条街体现着徽州文化。从市场上的商铺来说，老街上商铺林立，有些是老字号，经营着茶叶、中药、歙砚、徽墨、徽笔、字画、玉石、竹雕、篆刻、漆器、土特产等，这些商品当中许多都体现着浓厚的地方文化。屯溪老街不仅是文化商品交易场所，还展现着当地建筑特色，来此的游客还能参观老街上的博物馆、纪念馆，品尝当地特色餐饮。这样的文化市场是建立在传统历史文化街区的基础之上的，要把保护、开发、利用结合起来。一方面，黄山市出台了相应的政策加强保护，如《黄山市屯溪老街历史文化保护区保护管理办法》《屯溪老街保护管理委员会及办公室老街管理处职能及议事规则》等。另一方面，黄山市开展环境整治和改造提升工程，三条横街分别打造成古玩街、休闲街、小吃街，这其实是吸引人们来老街参观、购物、休闲的一种配套措施。由此可以得出这样的认识，作为一个由特色文化街区形成的文化市场，政府成立专门的机构进行管理，街区内的居民、商户进行经营。2008 年，屯溪老街被文化部命名为第三批“国家文化产业示范基地”。

通过优化街区环境，打造城市文化市场，不仅可以实现招商引资，而且可以增加城市的文化氛围。在山东青岛，2006 年 6 月 30 日开街的“青岛文化街”位于市北区昌乐路，全长 1000 多米，有几百家文化经营商铺。其实这里原来是工业区，有许多旧厂房。在 20 世纪 90 年代这里就开始建设青岛市文化市场。为了能够让这里发挥更大带动作用，2005 年启动了街道改造工程，形成了新的青岛文化街[①]。不过，让人思考的是为什么要改造成欧式建筑风格，直观看来显然缺乏中国特色，不过因为青岛这座城市近代以来受西方文化影响较大，改革开放以后又在 1984 年成为进一步开放的沿海港口城市之一，故此城市当中欧式建筑较多。街道改造包括道路拓宽、管线铺设、增加绿化等，改造后青岛文化街修建了标志物，增添了座椅、电子屏幕、停车位等设施。文化街上销售的文化产品包括了书刊音像制品、古玩字画、珠宝玉器、奇石根雕、礼品工艺品、集邮磁卡、挂历展销等。除了销售文化产品外，这条街还尝试增加收藏、鉴赏、拍卖机构，企业文化、建筑文化、民俗文化、体育文化展示板块，创意工作者工作室，文化策划、影视制作、文化经纪等中介机构，加上茶楼、酒吧、餐饮、小吃铺等服务场所[②]，这实际上是拓展了文化市场的功能。对文化企业来说，在这里可以进行创作、生产、经营；对消费者来说，来这里可以购物、休闲、娱乐。

五 文化产权和艺术品交易市场

文化产权包括文化物权、债权、股权、知识产权等。围绕文化产权的交易形成了文化产权市场，是文化市场的一类。这个市场的存在依赖于对文化产权有一个较为清晰的界定，有相关的法律法规作为依据。如果对这个市场进一步剖析可以发现，文化产权的转让方和受让方之间的交易要想成功完成，需要明确谁想买，谁想卖，

① 《青岛文化街：浓缩文化的精美视窗》，《走向世界》2005 年第 12 期。

② 丁振勇：《青岛文化街：从自发到自主》，《中国文化报》2007 年 7 月 27 日第 1 版。

价格是多少，怎样付款等条件。

为了能够使得文化产权交易更好地完成，出现了相应的服务机构，这就是文化产权交易所。除了提供文化产权转让服务之外，围绕这种交易，文化产权交易所还提供许多相关服务，比如信息发布、产权鉴证、产权登记托管、项目推介、项目融资、投资咨询等。

在中国，文化产权交易所的出现也是文化体制改革的产物。2009 年 6 月，上海文化产权交易所揭牌，由上海联合产权交易所、解放日报报业集团、上海精文投资公司联合投资创立。2012 年 3 月27 日，上海文化产权交易所北京总部揭牌。2009 年 11 月，深圳文化产权交易所挂牌。该交易所与中国（深圳）国际文化产业博览交易会形成互动，促进各类文化项目的产权交易。除了这两家之外，还有不少文化产权交易所出现，如成都文化产权交易所、广东省南方文化产权交易所等。

2010 年3 月，中宣部、中国人民银行、财政部等9 部委联合出台了《关于金融支持文化产业振兴和发展繁荣的指导意见》（银发［2010］94 号），提出“积极培育流转市场，充分发挥上海文化产权交易所、深圳文化产权交易所等交易平台的作用，为文化企业的著作权交易、商标权交易和专利技术交易等文化产权交易提供专业化服务”。

除了文化产权交易所之外，还有一种文化艺术品交易所。以天津文化艺术品交易所为例，2009 年 9 月，天津文化艺术品交易所股份有限公司注册成立。2010 年 11 月，该交易所启动了艺术品份额化交易模式，也就是把国家管理部门允许并批准流通的文化艺术品，包括书画、雕塑、珠宝、玉器、瓷器以及另外的一些工艺类，进行鉴定、评估、托管、保险，然后发行拆分化的、非实物的艺术品份额合约进行挂牌交易。参与投资的人通过网络进行交易。这种交易方式把作为实物的艺术品变成了一种交易合约，由于艺术品本身的定价除了跟自身的价值有关之外，还跟人们的喜爱程度、出资意愿等相关，难以采取一种客观的标准，故此这种交易难免会引起人们对某些艺术品进行炒作。

2011 年 11 月，国务院出台了《国务院关于清理整顿各类交易场所切实防范金融风险的决定》（国发［2011］38 号）。为贯彻落实该决定，中宣部、商务部、文化部、国家广播电影电视总局、新闻出版总署制定了《关于贯彻落实国务院决定加强文化产权交易和艺术品交易管理的意见》（中宣发［2011］49 号）对文化产权交易所的设立提出了规定，即“按照‘总量控制、合理布局、依法规范、健康有序’的原则，统筹规划文化产权交易场所的数量规模和区域分布，制定文化产权交易品种结构规划和审查标准，加强对文化产权交易的宏观调控和分类管理。根据文化体制改革和文化产业发展实际，原则上只允许在省一级设立文化产权交易所。清理整顿期间，不得设立新的文化产权交易所”。该《意见》还提出加强对各类文化产权交易所的整顿规范工作，规定“对未按审批设立程序批准、已注册使用‘交易所’名称的文化产权交易所，应限期予以规范。文化产权交易所不得将任何权益拆分为均等份额公开发行，不得采取集中竞价、做市商等集中交易方式进行交易；不得将权益按照标准化交易单位持续挂牌交易，任何投资者买入后卖出或卖出后买入同一交易品种的时间间隔不得少于 5 个交易日。对从事违法证券期货交易活动的文化产权交易所，严禁以任何方式扩大业务范围，严禁新增交易品种，严禁新增投资者，并限期取消或结束交易活动。对逾期不取消、继续或变相违法从事证券期货交易的各类文化产权交易所，文化、广电、新闻出版部门要积极协助证监会作出认定，依照有关规定从严惩处”[①]。2012 年 1 月，国务院作出了《关于同意建立清理整顿各类交易场所部际联席会议制度的批复》（国函［2012］3 号）。2012 年 7 月，国务院办公厅出台了《关于清理整顿各类交易场所的实施意见》（国办发［2012］37 号），进一步明确了政策界限、措施和工作要求。

经过清理整顿，2012 年 5 月 17 日，深圳文化产权交易所召开发布会，正式宣布转型至文化企业上市孵化、版权创新交易等“4 +1” 新业务[②]。2012 年 9 月，湖北华中文化产权交易所、天津文化产权交易所、安徽文化产权交易所、山东文化产权交易所和广州文化产权交易所在武汉召开信息共享平台建设会议，拟通过共建数据库，实现信息异地自主同步发布。该信息共享平台 2012 年 11 月上线。2012 年 10 月 16 日，河南省清理整顿各类交易场所领导小组办公室发布《关于进一步做好郑州文交所投资者善后处置工作的通知》（豫清整办［2012］2 号），郑州文化艺术品交易所尝试三种清退办法，即由艺术品原始持有人回购、协调文化投资机构收购、政府主导下的融资收购[③]。到 2013 年初，成都文化产权交易所、泰山文化艺术品交易所等不仅停止发行新的份额化产品、停止已发产品份额化交易，还回购了投资者持有文化艺术品份额，并修改交易规则，调整交易机制，不再开展份额化交易[④]。位于北京的汉唐艺术品交易所在整改之后由中国文化艺术有限公司、北京东

---

① 《关于贯彻落实国务院决定加强文化产权交易和艺术品交易管理的意见》，http://www.csrc.gov.cn/pub/newsite/gzgsb/fgbqlzdgljycs/fgbflfh/201308/t20130830_233347.htm。

② 刘畅：《深圳文化产权交易所正式“转型”》，《广州日报》2012 年 5 月 18 日第 A10 版。

③ 吴春波：《郑州文交所或陷边缘化危机》，《经济视点报》2012 年 10 月 25 日第 1 版。

④ 《清理整顿交易场所工作基本完成第二批八省市通过联席会议验收》，http://www.csrc.gov.cn/pub/newsite/gzgsb/fgbqlzdgljycs/fgbgzdt/201309/t20130902_233411.htm。

方文化资产管理公司等国有企业主导，形成国有股份控股的多元股份结构。在业务方面，“除常规的艺术品产权交易（如书画、陶艺、珠宝玉器、红木艺术家具等），还将开展电影、电视等文化产品的版权交易，特别是要开展以海外文物回流为主干的一系列经营活动，以境外买入的艺术品作为本交易所的核心交易产品，促成艺术品的常年回归，在此基础上，探寻文化艺术品交易的新模式”①。

六　中国需要怎样的文化市场

当把文化市场模式运用在文化商品的流通领域，文化市场就成为文化商品的集散地。文化市场为文化企业和文化消费者提供服务。文化市场本身如果建得富有特色，就会成为当地一道风景线和观光、休闲、娱乐的景点，对提升地方形象，促进当地就业起到带动作用。

人们从事文化交易和建立文化市场都是文化实践。这种文化实践可以反映出消费者对文化产品和文化服务有着怎样的需求，生产者在提供哪些文化产品和文化服务，人们如何创造条件来满足这种文化交易。正因为此，对于当代中国各种文化市场的分析有助于揭示出当代中国社会人们在交易着什么样的文化产品和文化服务，也能从中看出人们采取什么样的方式在进行文化交易。不过，对于文化市场的分析还不能仅停留于此，因为如果认为文化市场承载着某种文化，那么更为重要的是要分析这种文化到底是怎样的，这里从

---

① 《新汉唐、新格局、新思路、新发展》，http：//www.htax.cn/news－con.asp？id＝573。

传统文化和现代文化、本土文化和外来文化、精英文化和大众文化所代表的三个维度来分析。

改革开放以后，商品流通领域逐渐活跃起来。从计划经济向市场经济的转变，使得文化市场有了兴盛起来的可能。随着人们收入水平的提高和文化消费需求的增加，文化交易也随之增多，这更激发了文化市场的活力。在这个过程中出现了不同形态的文化市场。有些是特色文化街区改造成的文化市场，这类文化市场还保留着一定传统建筑风貌，并且在一定程度上展现着传统文化。有些是借助了传统市场的名称按照新的样式建起来的文化市场，这类文化市场在建筑风格上采用了不少民族民间元素。虽然这些跟传统市场有关的文化市场或多或少还能反映出一定的传统文化，但是在这些文化市场上交易的文化商品却比较繁杂，既有像古玩之类经过了一定年代还保留下来的商品，也有按照传统工艺在当代制作的商品，还有一些干脆是现代文化商品。

随着互联网的普及和电子商务的发展，网上交易也越来越多。于是，文化市场的形态除了实体市场之外，还出现了网络市场，比如北京潘家园国际民间文化发展有限公司下属的子公司北京潘家园旧货市场有限公司主要运营管理实体的旧货市场，而在 2010 年又成立了子公司北京潘家园古玩艺术品文化传媒有限公司，推出了“潘家园网”这样一个网络市场。使用者可以进行信息发布（转让、求购、鉴赏等），还可以进行在线交易等。不过，这样的网络市场上交易的还是实物，但是文化产权交易所和艺术品份额化交易则体现出从实物交易向非实物金融衍生产品交易的转向。这种交易方式变化的背后其实是一种现代商业文化在起作用。

中国的文化市场上销售的代表本土文化的商品，自然有利于对本土文化的宣传，可人们创造市场说到底还是为了商品的流通，如果说各种商品能够在市场上自由流通，那么就会带来一定的竞争。外来文化商品一旦进入中国的文化市场，也就难以避免外来文化和本土文化的竞争。人们对于外来文化商品的消费，不仅受到这些商品的国外提供者营销的影响，同时还会受到中国文化市场的导向作用，比如有的文化市场会重点推荐某些外来文化商品，这种导向作用在一定程度上会影响人们的文化选择，特别是对于青年一代。

虽然不同的文化市场针对不同层次的文化消费需求，但是相比较而言，文化市场对于大众文化消费需求的满足还是要大于精英文化消费需求的满足。这一点是否意味着精英文化只能是小众文化，或者说，大众就不能接受精英文化呢？有一点要注意的是，多样的文化市场和文化市场上多样的文化商品并不一定能缩短大众文化和精英文化的距离，而更多的时候可能是造成了精英文化淹没在大量的大众文化商品当中。在文化市场上有些大众文化产品因受到追捧而销量不错，但有些精英文化产品因曲高和寡而受到冷落，可见文化市场未必能够真正反映出精英文化的价值。

对于中国发展民族文化产业来说，有中国特色的文化市场无疑会给民族文化产品提供展示、交易的场所，还可以通过民族风格的建筑、民族歌舞表演、民族工艺品、民族饮食的销售进行多方面民族文化的展示、传播。如何把保持传统风格、展现民族特色、融入现代气息等方面结合起来，恐怕是未来中国文化市场建设当中需要进一步探索的。

第十章

文化创意模式：文化内容与媒介

一　文化创意模式中的文化实践

文化创意模式的基本形式，是通过创意提供文化内容，然后通过某种媒介表现出来。这里面要注意三个方面的问题。首先是创意。通俗地解释创意就是提供点子、想法。创意出自人的头脑，当然这需要充分发挥人的创造力。创意的关键在于新，好的创意不仅能提供新的想法，还创造出新的东西。创意之“新”是相对于“旧”而言的，新的程度是看和旧之间有多大的距离。有些创意是基础创新，就是从根本上破旧立新，而有些新则不过是在旧的基础上有一定的增减，或者是把旧的重新组合，但并没有突破旧的框架。创意也要有一定的实现可能性，否则就难以把创意变成某种文化产品或文化服务。

接下来再看文化内容。文化内容包括了一定的信息，这些信息有的是告诉人们发生了什么，有的是用来抒发情感，有的是用来讲明道理，有的是为了娱乐。文化内容可以表现为文字、图形、影像、声音等。

再来看媒介。媒介，或说媒体，主要用来存储或传播信息，也可以说是文化内容的载体。媒介有多种类型，报纸、杂志是以图文为主，广播以声音为主，电视以声音和图像为主。此外，还有互联网、手机、电子杂志、网络电视（IPTV，Internet Protocol Television）等。

从文化实践的角度来看，人们进行文化创意是一种文化实践。这种文化实践也是为了解决一定的文化问题。人生活在文化之中，但文化不是凭空产生的，而是来自人的创造。面对这样或那样的文化问题，如果没有创意，问题就难以得到解决。正因为创意能够解决问题，才使得创意产生了价值。把文化创意变成一种文化产业的模式，则是把这种解决文化问题的方式转变成了生产文化产品或提供文化服务，这些文化产品和文化服务包含了创意的价值，这种价值在需求者支付相应的费用当中也有所体现。

在社会生产生活当中，许多地方都要用到创意。通过创意生产出来的产品，有一类是具有物质形态的产品，比如通过创意设计建筑，要确定建筑的外观如何，内部结构如何，建筑的功能（通风、采光、供暖、给排水等）如何实现等，然后设计图纸，按照图纸把建筑建造出来。再比如通过创意设计服装，要确定服装的风格、款式，用什么面料，以什么样的色彩为主等，然后绘出服装设计图，根据设计将服装生产出来。

还有一类产品没有物质形态，需要通过某种载体才能表现出来，比如文学作品的创作需要创意，但文字要通过某种载体，比如制作成书籍，或者通过报纸、刊物等媒介表现出来；当然也可以进行朗读，然后把声音通过广播进行播出。电视剧或电影的剧本创作需要创意，但是拍摄出来的电视剧或电影需要通过某种媒介进行存储，还需要有相应的播放设备。音乐创作需要创意，虽然创作出来的音乐作品可以用乐器演奏出来，但是如果要保存下来则需要某种媒介，比如制作成为唱片、磁带等。

就上述两大类而言，第一类当中的建筑设计、服装设计等虽然也要用到创意，但是如果分析根据这些设计得到的最终产品，就会发现消费者使用的是建筑和服装，而创意体现在这些产品当中，但建筑的建造往往被算在建筑业当中，服装的制作往往被算在服装行业当中，故此应注意这类产品和前面所讲的文化创意模式之间的联系和区别。第二类当中的文学作品、电视剧、电影、音乐等也是用创意生产出来的，可以看做文化内容，消费者要使用这些文化内容则要借助存储和表现媒介，这些存储和表现媒介的生产也就变成了文化用品和文化设备的生产制造，那些专门来传播这些文化内容的媒体就成为文化传媒，故此这类产品就比较符合前面所讲的文化创意模式。这里可以通过一些例子对人们如何进行不同文化创意的文化实践加以分析。

二　从动漫产业看文化创意模式的政策扶持

动漫，包括动画、漫画等。动漫的内容主要是靠创意来创作开发。动漫产品生产出来后，要通过各种媒介表现出来，比如通过图书、报刊的出版，通过电影、电视的播出，制作成音像产品，或者通过舞台剧演出，或者通过网络、手机等媒介进行传播。故此，动漫产业符合文化创意模式。

中国在对动漫产业的扶持当中出台了一系列政策。2006 年，财政部、教育部等 10 个部门提出了《关于推动我国动漫产业发展若干意见》，国务院办公厅进行了转发（国办发［2006］32号），提出建立扶持动漫产业发展部际联席会议制度，办公室设在文化部。当年，文化部就此向国务院进行了请示（文市报［2006］158号），国务院批复同意（国函［2006］61号）。

2008年8月，文化部发布了《关于扶持我国动漫产业发展的若干意见》（文市发［2008］33号），提出实施国产动漫振兴工程，“以重点支持原创产品的创作生产为龙头，发挥财政资金的杠杆作用，鼓励扶持各类所有制企业创作、推广和传播贴近实际、贴近生活、贴近群众，富有中国文化精神、承载中华优秀传统文化、饱含时代特点的动漫产品”[①]。措施包括评选国家原创动漫大奖，扶持原创动漫产品，扶持原创动漫创作人才，推广原创动漫作品等。该年9月，文化部办公厅印发了《关于“原创动漫扶持计划”（2008）申报工作的通知》（办市函［2008］426号），《通知》指出在中央财政扶持动漫产业发展专项资金的支持下，文化部“原创动漫扶持计划”开展原创漫画、原创动漫演出、原创网络动漫的申报工作，符合申报条件的原创作品和原创人才可以进行申报。

2008年12月，文化部、财政部、国家税务总局出台的《关于印发〈动漫企业认定管理办法（试行）〉的通知》（文市发［2008］51号）当中，对哪些属于动漫企业进行了规定，见图10－1。同时，这个文件还对哪些属于动漫产品进行了规定，见表10－1。

2009年7月，财政部、国家税务总局出台了《关于扶持动漫产业发展有关税收政策问题的通知》（财税［2009］65号），对和

---

① 文化部：《关于扶持我国动漫产业发展的若干意见》，http：//zwgk. mcprc. gov. cn/auto255/200808/t20080819_ 20968. html。

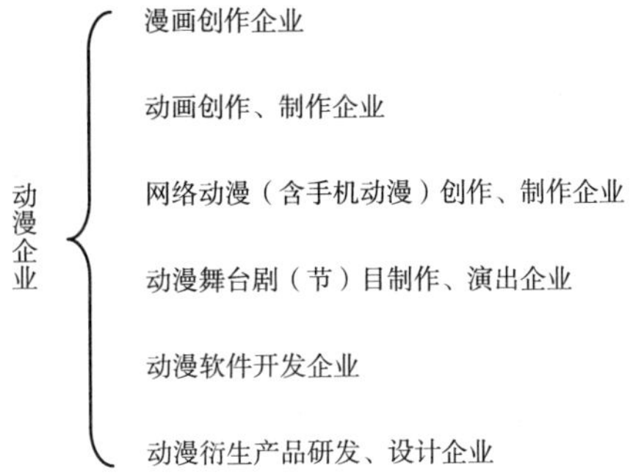

动漫企业：

- 漫画创作企业
- 动画创作、制作企业
- 网络动漫（含手机动漫）创作、制作企业
- 动漫舞台剧（节）目制作、演出企业
- 动漫软件开发企业
- 动漫衍生产品研发、设计企业

图 10－1 《动漫企业认定管理办法（试行）》当中所称动漫企业

表 10－1 《动漫企业认定管理办法（试行）》当中所称动漫产品

产品类别	具体说明
漫画	单幅和多格漫画、插画、漫画图书、动画抓帧图书、漫画报刊、漫画原画等
动画	动画电影、动画电视剧、动画短片、动画音像制品，影视特效中的动画片段，科教、军事、气象、医疗等影视节目中的动画片段等
网络动漫（含手机动漫）	以计算机互联网和移动通信网等信息网络为主要传播平台，以电脑、手机及各种手持电子设备为接收终端的动画、漫画作品，包括 FLASH 动画、网络表情、手机动漫等
动漫舞台剧（节）目	改编自动漫平面与影视等形式作品的舞台演出剧（节）目、采用动漫造型或含有动漫形象的舞台演出剧（节）目等
动漫软件	漫画平面设计软件、动画制作专用软件、动画后期音视频制作工具软件等
动漫衍生产品	与动漫形象有关的服装、玩具、文具、电子游戏等

动漫企业相关的增值税、企业所得税、营业税、进口关税、进口环节增值税等进行了规定。2011 年 5 月，财政部、海关总署、国家税务总局下发《关于印发〈动漫企业进口动漫开发生产用品免征进口税收的暂行规定〉的通知》，列出了一个动漫企业免税进口动漫开发生产用品清单，对符合标准的动漫企业进口该清单范围内的商品免征进口关税及进口环节增值税。2011 年 12 月，财政部、国

家税务总局出台了《关于扶持动漫产业发展增值税和营业税政策的通知》(财税［2011］119号)。

2012年6月，文化部发布《“十二五”时期国家动漫产业发展规划》(动漫办发［2012］1号)，提出的主要任务包括引导动漫创作生产，创新盈利模式，完善动漫产业链条，优化动漫产业布局结构，推进动漫技术创新，实施骨干企业和重大项目带动战略，强化人才支撑，推动动漫产业“走出去”等。在该《规划》当中还提出了“打造若干具有中国风格和国际影响的动漫品牌”。为此，2012年11月，文化部印发了《关于2012年国家动漫品牌建设和保护计划申报工作的通知》(文产发［2012］41号)，旨在“通过申报和评审，培育一批具有品牌化开发价值的民族原创动漫创意，推动建设一批在国内和国际市场具有一定影响力的民族原创动漫品牌，加强对动漫品牌的知识产权保护”。在《通知》当中专门界定了动漫创意和动漫品牌的含义。动漫创意是指“具备基本动漫形象、角色设定、剧情安排、场景设计的成熟构思，并已形成具有可操作性、产业开发价值、品牌规划的实施方案”。动漫品牌是指“具有在国内、国际一定知名度的动漫产品(包括漫画、动画、新媒体动漫、动漫演出、动漫衍生产品等)、动漫形象，或由此注册的动漫产业商标，并在我国境内通过版权登记、商标登记等方式合法取得为动漫业界和消费者所熟知的特有标识(名称、名词、符号、设计，或以上几项的组合)”[①]。经过评审，入选的动漫品牌见表10-2，入选的动漫创意见表10-3。

① 文化部：《关于2012年国家动漫品牌建设和保护计划申报工作的通知》，http://www.dongman.gov.cn/zhengwu/gonggao/201306/t20130601_670964.htm。

表 10－2　2012 年国家动漫品牌建设和保护计划动漫品牌评选结果（排名不分先后）

项目名称	申报单位
《喜羊羊与灰太狼》动画电影	上海炫动传播股份有限公司
十二生肖	中国儿童艺术剧院
麦咭	湖南金鹰卡通有限公司
武林外传	北京联盟影业投资有限公司
张小盒	广州盒成动漫科技有限公司
熊出没	深圳华强文化科技集团股份有限公司
功夫兔	中国传媒大学
兔侠传奇	北京电影学院
秦时明月	杭州玄机科技信息技术有限公司
偷星九月天	湖北知音传媒股份有限公司
小樱桃	河南小樱桃动漫集团有限公司
济公传奇	天津神界漫画有限公司
摩尔庄园	上海淘米网络科技有限公司
虹猫蓝兔	湖南宏梦卡通传播有限公司
诺诺森林	苏州士奥动画制作有限公司
开心宝贝	广东明星创意动画有限公司
JONJON 囧囧	福建金豹动画设计有限公司
大角牛	鄂尔多斯东胜天风动漫影视有限公司
阿狸	北京梦之城文化有限公司
爆笑校园	广东漫友文化科技发展有限公司

资料来源：文化部网站。

表 10－3　2012 年国家动漫品牌建设和保护计划动漫创意评选结果（排名不分先后）

项目名称	申报单位
长歌行	杭州夏天岛影视动漫制作有限公司
鲍尔历险记	吉林铭诺文化传播有限公司
大财神	天津神界漫画有限公司
“中华先哲”	上海城市动漫出版传媒有限公司
京剧猫	上海炫动传播股份有限公司

续表

项目名称	申报单位
我的路—灿若繁星	广东漫友文化科技发展有限公司
魔力蛋仔	青岛五千年文化传播有限责任公司
中华文明之光	赤子天下传媒文化(北京)有限公司
格萨尔	成都谛听文化传播有限公司
宝岛寻仙	海南英立科技开发有限公司
绿树林家族	北京潘高文化传媒有限公司
泡泡美人鱼	无锡今日动画影视文化有限公司
我是狼	北京铁皮青蛙创意文化传播有限公司
4.9x4.9	北京颜开文化发展有限公司
郑和1405—魔海寻踪	南京朱雀影视动画有限公司
小蝌蚪找妈妈	中国儿童艺术剧院
快乐的艾罗卡	湖南宏梦卡通传播有限公司
2012BTV卡酷动画春晚	北京电视台卡酷少儿频道
云奇飞行日记	哈尔滨品格文化传播有限公司
青蛙王国1	吉林禹硕动漫游戏科技股份有限公司
巴啦啦小魔仙之彩虹心石	广州奥飞文化传播有限公司
中国戏曲经典原创动画	湖南九天星文化传播有限公司
小鸡彩虹(CHICKY RAINBOW)	杭州天雷动漫有限公司
亚叮的奇幻之旅	广东艺洲人文化传播有限公司
梦幻镇3	浙江中南卡通股份有限公司
冲锋号	湖南蓝猫动漫传媒有限公司
青蛇	中国国家话剧院
打个大西瓜	成都饺克力动画有限公司
我的老婆是只猫	中国电影股份有限公司
米粒木匠	徐州百吉堂多媒体有限公司

资料来源：文化部网站。

三　瓶颈和规则：文化创意模式的业务拓展和竞争

在文化创意模式当中，如何把一个点子从创意变成文化产品，这其中可能会牵涉到多方面的问题，不仅包括如何更新技术、拓展业务，而且还会遇到资金瓶颈、同行竞争等。这里以一个动漫品牌和相关企业的成长过程来审视这些问题。

“蓝猫”这个动漫品牌的创意还要追溯到20世纪90年代初，W先生[①]最初从电视编导转入动画教材的制作，而后看到《新编十万个为什么》受市场欢迎，想到把这一题材改编成动画片。1996年5月，湖南东方卡通传播有限公司注册成立，制作科普动画。而就在这一年“三辰影库”项目发展起来了，由负责该项目的中国青少年发展基金会委托投资的北京三辰文化发展有限责任公司于当年7月成立，11月成立了北京三辰影库音像发行中心（于2001年被吊销），主要是提供适合青少年观看的音像制品。1998年，为推动“三辰影库”音像电子连锁租赁网建设，组建了三辰影库音像电子连锁租赁有限责任公司。一个是卡通公司，一个是音像制品公司，双方联手继续制作《蓝猫淘气3000问》。在制作到100集左右，资金不够用了，为了和在中国收取很低版权费的外国老动画片竞争，《蓝猫淘气3000问》在1999年6月被免费送给北京电视台播出，条件是每集有45秒钟的贴片广告时间。在动画片播出了一段时间后，才有一些投资方介入合作。

2000年1月，湖南东方卡通传播有限公司和三辰影库音像电子连锁租赁有限责任公司分别作为股东，在湖南注册成立了三辰卡通集团有限公司。从2000年6月注册成立的长沙三辰影库制作发行有限责任公司和2002年8月注册成立的湖南三辰卡通节目发展有限公司当中不难看出身处其中的创作开发者和投资者的身影，后面这两家公司都已经注销。

三辰卡通集团成立后，以“知识卡通”为理念，主打产品是

---

① 为了不影响当事人，本书当中对人名采用拼音字母代替。

《蓝猫淘气 3000 问》。这是一部大型原创科普动画，包括若干系列，如“幽默系列”“星际大战”“恐龙时代”“海洋世界”“运动系列”“太空历险记”。此外，集团还生产了不少以“蓝猫”形象创作的动画片，如《平安出行》《消防大本营》《太阳城的故事》《健康特攻队》等。从媒体传播看，这个动画片在上千家电视台播出，赢得了大量观众。为了加快制作速度，三辰卡通集团采用了全电脑动画制作系统，实现了动画制作流程的无纸化。除了动画片播出和音像制品外，为了拓展业务，三辰卡通集团把目光又投向了相关衍生产品方面，如文具、玩具、服装、食品等，采用加盟连锁、开专卖店的方式进行销售。2003 年，三辰卡通集团投资建设长沙三辰数字卡通城，集中人才进行动画制作。

不过，2004 年三辰卡通集团发展当中出现了股权变动。据《人民法院报》的报道，2004 年 4 月 24 日，W 先生代表的湖南东方卡通传播有限公司将其持有的三辰卡通集团的 49% 股份转让给 S 先生代表的北京兴商投资顾问有限公司，转让价格为 6000 万元人民币。不到一个月，S 先生支付了 4000 万元。2004 年 6 月，W 先生又组建了湖南宏梦卡通传播有限公司。由于 S 先生没有再支付剩余的 2000 万元，W 先生及湖南宏梦卡通传播有限公司向长沙市中级人民法院起诉，请求判令 S 先生支付 2000 万元股权转让金。2005 年 1 月 18 日，三辰卡通集团向湖南省高级人民法院提起诉讼，状告 W 先生、湖南宏梦卡通传播有限公司不正当竞争，请求判令被告不得从事与原告相同或相近似的业务，赔礼道歉并赔偿经济损失 3000 万元人民币等。法院受理后，依法组成合议庭。在审理过程中，双方当事人均向法院提出庭外调解的请求。经过长达两年的调解，双方也举行了多次对话。2007 年 3 月，湖南省高级人民法院出具了民事调解书，双方达成协议，主要内容围绕如何有利于双方企业发展，形成一种良性有序的竞争局面，包括 W 先生及湖南宏梦卡通传播有限公司承诺以后不制作、发行除《虹猫蓝兔七侠传》系列节目之外的其他虹猫蓝兔卡通节目，协议生效后两年内双方相互不吸纳对方的高层管理人员、制作人员和技术人员，以及关于双方的言论、股权转让金如何支付、双方不排斥在一定前提下友好合作等问题[①]。

经过了官司，2007 年 11 月，双方签订战略合作协议，进行战略整合，相互换股，湖南宏梦卡通传播有限公司控股三辰卡通集团，三辰卡通集团参股湖南宏梦卡通传播有限公司。这种整合对于双方来讲，虽然还是各自运营，但是可以促进共同培育创意人才，共享制作资源和销售渠道，减少重复投资。不过这次收购的背后，也有当地政府和国际资本的推动[②]。

如果对这两家企业进行比较可以发现，两家公司处在一个城市当中，同一个行业，三辰卡通集团 2006 年被文化部命名为第二批“国家文化产业示范基地”。湖南宏梦卡通传播有限公司 2008 年被文化部命名为第三批“国家文化产业示范基地”，这说明两者都具有一定的实力，彼此之间有一定竞争关系，但双方也可以通过整合、互相持有股份等方式进行合作。当然，两家公司在发展当中也形成了各自的一些特点。

三辰卡通集团在发展当中成立了研发部、法律部、国际版权部、品牌授权部、衍生产品开发部等部门。在保护版权方面，制定了蓝猫形象使用手册，通过法律途径打击“蓝猫”的盗版商。集

① 刘晓燕、梁建军、曾妍：《官司里打出动漫产业规则》，《人民法院报》2007 年 7 月 22 日第 3 版。

② 翁海华：《虹猫、蓝猫两“小巨人”合并动漫湘军图谋国内第一股》，《21 世纪经济报道》2007 年 11 月 30 日第 25 版。

团通过各种方式把“蓝猫”版权推向海外，如直接与外方进行版权交易、与合作伙伴共同开发海外市场、通过国外版权代理机构和影视业公司进行输出等[①]。2009 年 12 月，湖南蓝猫动漫传媒有限公司注册成立，公司由 3 个法人股东、9 个自然人股东组成。“蓝猫”的相关动画产品也还在进行生产。2009 年推出 3D 电视动画《蓝猫龙骑团》，之后又相继推出了该系列的第二部《生命之花》，第三部《炫迪传奇》。公司还推出了“心能美育”幼教平台，把动漫和幼儿教育相结合。

湖南宏梦卡通传播有限公司，在发展过程中获得了国外风险投资。产品方面，除了《虹猫蓝兔七侠传》外，还生产出《虹猫蓝兔阿木星》《虹猫仗剑走天涯》《虹猫蓝兔光明剑》《虹猫蓝兔勇者归来》《奇奇颗颗历险记》《神厨小福贵》《兔宝宝和三件神奇宝贝》等动画片以及动画电影《虹猫蓝兔火凤凰》。公司还建立了不少零售店。在授权方面，为了避免授权太泛造成有些环节管控不严，出现劣质产品，导致品牌形象受损的情况，“虹猫蓝兔”把可授权的品类分为 700 多个，每一个品类独家授权，授权给大客户和高增长潜力的成长客户[②]。

四　广告：文化创意模式如何提供服务

广告业也符合文化创意模式。首先广告通过创意产生，其次广告本身含有一定的文化内容，再者广告要通过某种媒介表现出来。

---

① 《三辰卡通集团：打造本土原创动漫品牌》，《中国新闻出版报》2008 年 10 月 27 日第 T05 版。

② 厉林：《“虹猫蓝兔”：独家授权成为方针》，《中国经营报》2008 年 2 月 4 日第 C09 版。

广告可分为多种类型，从是否盈利的角度来划分，有商业广告和非商业广告。商业广告以盈利为目的，这种广告是通过投入一定的费用制作出来，用来对某种产品或服务进行宣传。要注意的是，商业广告不仅仅是要让人知道产品和服务的信息，更重要的是要能够引起人们注意，进而吸引某些人进行消费。非商业广告主要有公益广告、政治广告、个人广告等。

广告怎样才能达到某种营销目标呢？这需要创意。广告的创意就是要先在脑子里有一个主意，而后根据这个主意拿出做广告的办法来，比如运用怎样的形象，画面色彩如何，设计哪些广告词等。广告的创意既要主题明确、重点突出，使看了之后的人能够理解广告本身要表达的意思，还要新颖独特，产生感染力。

从文化角度来讲，商业广告本身就是一种商业文化。商业广告当中的信息常常影响人们的消费观念、生活方式，而商家也往往在商品广告当中植入某种价值取向，比如有些商业广告企图告诉人们什么是“时尚”，暗含着如果不选择这种商品，就可能意味着落伍了。由于商业广告传播范围较大，在不断的重复当中，有一些消费者可能会盲从，甚至把商业广告当中的宣传作为生活的追求之一。应该指出，有时候消费者选择购买某些商品可能只因为对其商业广告词耳熟能详。

广告主要靠各种媒介进行发布，这改变了人与人直接面对面的信息传递方式。广告发布的媒介有多种类型，如报刊、杂志、广播、电视、网络、手机、霓虹灯、LED 电子看板、橱窗、路牌、灯箱、车身、墙体、门票等。不同媒介的广告方式、宣传对象、调动消费者的手段有一定差异，在选择不同媒介投放广告的时候应当区别对待。

为了能够给有发布广告需求的广告主提供特定的服务，出现了专门从事广告代理、广告创意、广告策划、广告设计、广告制作等业务的企业。在中国，改革开放之后，广告业的发展迎来了新的机遇，不少广告公司也在这个过程中涌现。1979 年成立的广东省广告公司就是一例。该公司最初从进出口商品广告业务起步，1996 年向全面代理、整体策划转型。2002 年公司完成体制改革，成为广东省广告有限公司。2007 年，公司建立网络媒体互动局，拓展媒体业务。2008 年公司经整体变更成为股份有限公司，即广东省广告股份有限公司。也就是在这一年，该公司被文化部命名为第三批“国家文化产业示范基地”。当前公司本着整合营销传播（Integrated Marketing Communications，IMC）的理念，围绕广告把自身的业务分为几类，一类是把广告和品牌管理结合起来，为客户提供品牌策略、品牌规划、品牌诊断、企业形象设计（Corporate Identity System，CIS）等服务，通过市场调研，制定营销策略，进行广告策划、设计、制作等，以此来提升客户品牌价值；再一类是和媒介相关，包括媒介购买、媒介投放、媒介监测、媒介数据分析、媒介评估等，公司自身也管理一些媒介，比如某些城市的公交候车亭广告牌、公交车车身广告位、户外广告牌等。公司的服务客户已经涉及家电、汽车、地产、通讯 IT、食品、药品保健品等行业。在公司管理、策划和服务当中采取三级责任制，比如对客户的服务当中，既有品牌服务组，又有品牌事业部，还有策划创意局、市场中心、媒介中心等支持平台①。为了提升工作效率，公司研发了广告数字化运营系统，建立数据库。

2012 年 5 月，国家工商行政管理总局印发的《广告产业发展

---

① 《国际广告》编辑部：《广东省广品牌崛起和壮大启示录》，《国际广告》2009 年第 10 期。

“十二五”规划》（工商广字［2012］99号）指出，中国广告业还存在拥有自主知识产权少，总体服务质量有待提高，创新能力不强，国际竞争力较弱等方面的问题，《规划》提出了提升广告企业竞争力、优化广告产业结构、推动广告业自主创新、扩大广告业对外开放、发展公益广告事业、加强广告人才培养、建设广告业公共服务体系、完善广告法制和监管体系等方面的任务[①]。

五　中国如何提升文化创意模式

文化创意模式生产出的文化产品和提供的文化服务之所以种类多样，主要有这样几个原因：一是人的创意可以不断产生；二是文化内容可以在一定条件下实现文字、声音、图像等的转换，比如小说被改编成电视剧、电影，动画片被改编成图书等；三是可以通过多种媒体进行表现、推广；四是衍生产品较多。这些给了文化创意模式以多种盈利的可能，除了版权收入之外，还可以通过创造出某个品牌，然后进行品牌授权等。

文化创意模式主要靠人们的创意来支撑，要想把这种模式发展得更好，就要有一个鼓励创新的环境，其中包括保护知识产权。侵权盗版现象的存在扰乱了公平竞争的市场秩序，保护知识产权是对人们创造成果的肯定。中国专门成立了国家知识产权局、国家版权局等机构，制定了相关的法律法规，这些措施要和文化创意模式的发展联系起来，比如文化创意产品生产出来之后，因为有了相关法律法规作为依据，可以到有关部门申请知识产权保护，比如进行著

① 国家工商行政管理总局：《关于印发〈广告产业发展“十二五”规划〉的通知》，http：//www. saic. gov. cn/fwfz/ggzn/201306/t20130620_ 135865. html。

作权登记，进行商标注册等。

还要注意的一个问题是科技的发展对文化创意模式的重要影响。一方面科技的发展提高了生产的效率，大量专业设备的出现，各种数据库的建立，这些为文化内容的创作、生产带来了便利。另一方面，各种媒体和传播手段背后体现着一定的科技水平。科技的不断更新，使得越来越多的新兴媒体出现，并且不断改变着文化传播的方式，比如文化创意产品借助媒体表现，从媒体到消费者这是一种单向传播，而科技发展带来的许多新兴媒体已经具备了实现消费者和媒体之间、消费者和创作者之间、消费者和制作者之间进行互动的功能。

通过文化创意提供文化内容是一种文化实践，通过媒体表现文化创意产品也是一种文化实践。在中国，文化创意模式如何进一步提升？这需要分析人们的创意当中包含了怎样的文化内容，媒体对文化传播又起到怎样的作用。对于这些问题，可以从传统文化和现代文化、本土文化和外来文化、精英文化和大众文化所代表的三个维度来进行分析。

就创意而言，传统文化和现代文化都可以作为文化资源来提供文化内容。中国的传统文化当中有着十分丰富的内容，关键是怎样通过文化创意模式来运用这些传统文化素材。举例来说，把人们熟悉的古典文学作品拍成电视剧、电影或制作成动画片就是一种方式，但是这当中也需要人们的创意进行加工。同样一部作品被拍成几个版本，有的被认为较好地表达了文学作品的风貌，而有的则面目全非，这就看创意的水平高低了。

文化创意靠的是人动脑筋、想办法，而不是盲目照抄照搬。在一些西方发达国家当中，文化创意模式起步较早，形成了从创意到产品的一整套机制，其产生的文化创意产品当中不少具有较强的市场竞争力。当这些外来文化产品进入中国，对中国的文化创意模式发展有着多方面的影响，比如某部外国电影票房较高，国内就进行翻拍，题材相同，故事差不多，只是换一个场景，换几个人物，再拍一遍，导致人们时常能从国内的某些电影当中看到与外国电影类似的故事情节，这就是缺乏创意的一种表现。虽然外来文化创意产品也有一些值得借鉴之处，但是如果总是别人先想出来某种创意，而国内跟在后面，这恐怕就要好好反思一下其中的原因所在了。

由于文化创意模式和媒体之间关系密切，因此不能忽视各种媒体在文化传播当中所扮演的角色。大众传媒对于大众文化有着明显的传播作用。为了提高受众人群的数量和范围，为了获得更大的商业利益，大众传媒选择的文化创意产品往往以大众文化为主，这使得文化创意模式更多服务于大众消费。不过文化创意模式却也不是不能为精英文化服务，这里面既有市场细分的原因，也有一些具有操守的创作者和开发者的热情，但是倘若这种创新得不到媒体的支持，那么试问媒体的社会责任感在哪里？就当代中国来说，且不说消费者对文化内容的选择，看看充斥在某些媒体上的低俗内容就能大体了解到那些媒体的价值取向，以媚俗换取收听率、收视率、点击率的做法不利于中国文化创意模式的提升。

随着近年来文化创意模式在中国受到政策扶持，各式各样的文化创意产品也日渐增多，但是真正能够做到内容积极向上并且有较大影响力的原创产品还不多见。中国在发展民族文化产业当中，应打造具有民族特色和时代特点的原创产品，这也可以称为民族文化创意产品的开发。这是文化创意模式未来发展当中的重点，也是难点。

中国有着丰富的民族文化资源，民族文化创意产品是利用创意对民族文化资源进行深加工，其产品通过多种媒体表现出来。

通过文化创意赋予原有文化资源以新的面貌和利用方式，这拓展了民族文化产业化的路径。这种模式成功的关键在于对传统民族文化和现代包装之间平衡点的把握，更进一步说，是对民族文化发展规律的认识和把握。对于中国文化创意模式的提升来说，要在继承和发扬传统民族文化精华的基础上开拓具有中国特色的现代民族文化。

第十一章

文化产业园区模式：文化管理运营之道

一 文化产业园区模式中的文化实践

文化产业园区模式其基本形式是划定一定区域，用来集中发展文化产业。文化产业园区利用了生产要素的集聚性。首先是有了一块地方专门来发展文化产业，在选定这个地方的时候，一般要考虑其地理位置如何，交通是否方便，是否包括了一定的文化资源等。在这个区域内可以新创办文化机构和文化企业，外面的文化机构和文化企业也可以进入其中，用这种方式把一些文化产业相关人才集中起来。文化产业园区不是只有一个名字，而是有一定的配套措施，比如成立相应的园区管理机构做好监管和服务，对园区投入一定资金进行文化设施建设，打造一批重点文化项目和文化工程，还可以制定相关的文化产业扶持政策等。

2010 年 7 月，文化部办公厅印发了《国家级文化产业示范园区管理办法（试行）》（办产发［2010］19 号），其中对“园区”

作了一定界定，该《办法》当中所称的文化产业园区“是指进行文化产业资源开发、文化企业和行业集聚及相关产业链汇聚，对区域文化及相关产业发展起示范、带动作用，发挥园区的经济、社会效益的特定区域”①。从该《办法》所列出的申报国家级文化产业示范园区应具备的条件来看，涉及基础设施、非文化类商业及配套面积的比例、文化内容和文化产业特色、文化企业占园区企业总数比例、管理机构和管理人员、建设和运营管理单位、公共服务体系等方面。

作为文化产业的一种模式，文化产业园区模式当中都有哪些文化实践呢？简单地说，规划、建设、管理、运营文化产业园区，这些都是文化实践。具体来看，规划某个文化产业园区，就要对该园区的功能定位、发展原则、发展目标、内部布局等有一个清晰的设计，不过在这之前先要有关于建设这样一个文化产业园区的必要性和可行性的论证；建设文化产业园区，既要让园区具备交通、通信等硬件设施，还要考虑使园区形成怎样的文化风貌，比如建筑物哪些要保留，哪些要改建，哪些要新建等；管理文化产业园区，除了文化企业的注册登记，土地使用手续的办理，对项目进行环境评价之外，还要提供政策咨询、融资中介、推介展示等服务；运营文化产业园区，就要注意吸引哪些文化企业进入，怎样孵化新的文化企业，园区要突出什么样的文化特色，如何通过园区开发和经营获得收益等。

在实际的操作当中，文化产业园区可以呈现不同的形态，既可以是一种综合性的文化产业园区，涵盖多种类型的文化产业；也可

---

① 文化部：《国家级文化产业示范园区管理办法（试行）》，http：//zwgk. mcprc. gov. cn/auto255/201007/t20100726_ 20782. html。

以是突出某些产品和服务的文化产业园区，以某一类文化产业为主。这里通过一些例子对人们建设不同文化产业园区的文化实践加以分析。

二　综合性的文化产业园区：西安曲江新区

西安曲江新区，是将遗址公园以及各种文化产品和服务综合在一起进行多元投资和规模化发展的文化产业园区。曲江的历史可以追溯到秦汉。在隋唐时期，因园林建设而名气日盛，留下了不少诗词传说。1993 年，陕西设立了西安曲江旅游度假区，规划面积 15.88 平方公里，分为风景旅游区、娱乐活动区、水上活动区、商贸服务区、度假别墅区等。1995 年，成立了西安曲江旅游建设开发总公司。1996 年，西安曲江旅游度假区管理委员会挂牌，作为西安市政府的派出机构，西安旅游度假区建设启动。其实，直到 2002 年这里还是城市郊区。

2002 年 8 月 15 日，《西安晚报》上发表了《曲江宣言》。2003 年 7 月，西安市政府将原曲江旅游度假区更名为“曲江新区”。从建设思路来看前后是有一定衔接的，如建设雁塔南路、对大雁塔周边进行整体改造、恢复曲江池水面等。2003 底，大雁塔北广场建成开放。由此扩展开来，还修建了大唐芙蓉园、曲江池遗址公园、大唐不夜城、曲江海洋世界、曲江国际会展中心、曲江国际会议中心等。2005 年 8 月，西安曲江新区发展有限公司更名为西安曲江文化产业投资（集团）有限公司。2006 年，该公司被文化部命名为第二批“国家文化产业示范基地”。2007 年 6 月，西安曲江新区被文化部命名为首批“国家级文化产业示范园区”。

2007 年 9 月，西安曲江新区管理委员会制定的《西安曲江新区文化产业发展纲要》发布①。《纲要》指出曲江文化产业以文化旅游业、影视演艺业、会展创意业、传媒出版业为四个核心领域，兼及广播电视、网络、体育、广告、科教、文化艺术品、酒店、餐饮等产业门类。争取到2012年，形成“四大园区”“六大基地”“十大文化形态”的总体布局，其中“四大园区”是指曲江文化产业核心区、唐大明宫国家遗址公园景区、法门寺佛文化旅游景区、楼观台道文化旅游景区。“六大基地”见表11－1。

表11－1 曲江新区规划的六大基地

基地名称	具体说明
唐文化产业基地	以曲江唐文化景区为核心，形成包括大唐不夜城、大雁塔南北广场、大唐芙蓉园、唐城墙遗址公园、曲江池寒窑遗址公园、唐大明宫遗址公园等系列文化项目在内的唐文化产业基地
会展产业基地	以曲江国际会展中心为核心，配套建设物流、餐饮、娱乐、商住等服务设施，形成我国中西部规模最大、功能最完善、国际化程度最高的会展产业园区
影视产业基地	以曲江影视集团为母体，发展形成影视创作生产基地、影视风险投融资基地、影视作品进出口基地、西部影视作品拍摄基地
演艺产业基地	以《印象西安》、大型诗乐舞剧《梦回大唐》、大型交响乐《长安》《兰花花》《秦腔》等精品演出品牌为龙头，整合优势演艺资源，与音乐艺术教育机构和全国文化艺术团体合作创作品牌演出，形成集品牌孵化、人才培养、营销推广、国际交流等为一体的国内领先的演艺产业基地
传媒出版产业基地	组建曲江传媒出版集团，力争五年内形成一批重大精品图书品牌、拥有一家月发行量超过200万份的大型期刊、控股1～2家大型媒体集团，形成西部最大的图书交易中心和传媒创意中心
陕西非物质文化遗产保护与开发基地	制订鼓励非物质文化遗产保护和开发的有关政策，充分利用大唐不夜城、大唐芙蓉园、曲江寒窑遗址公园等文化场所，构建陕西非物质文化遗产展示中心

① 西安曲江新区管理委员会：《西安曲江新区文化产业发展纲要》，http://www.qujiang.com.cn/info/egovinfo/xxgk/xxgk_content/H1625731－4－/2013－1009948.htm。

“十大文化形态”是指建筑园林文化（曲江、楼观台、法门寺、大明宫）、宫廷文化（大明宫国家遗址公园）、现代音乐文化（大唐不夜城、曲江演出集团）、现代歌舞文化（大唐不夜城、大唐芙蓉园）、现代影视文化（曲江影视集团）、陕西民俗文化（楼观台财神故里）、山水生态文化（秦岭北麓、楼观台）、当代艺术文化（大唐不夜城画家村）、当代科技文化（大唐不夜城科技馆、曲江国际会展中心等）、农业观光及现代养生文化（楼观台道文化旅游景区）。

为支撑曲江文化产业的发展，《纲要》提出完善曲江公共文化服务设施，构建曲江公共文化服务体系，见表 11－2。

表 11－2　曲江新区公共文化服务体系建设内容

建设项目	建设内容
文化广场建设	大雁塔北广场、玄奘广场、贞观广场、开元广场、和谐广场、北池头广场、新开门广场、乐游原广场等
公共遗址公园建设	曲江池遗址公园、寒窑遗址公园、唐城墙遗址公园、秦二世陵遗址公园、陕西民俗大观园、陕西戏曲大观园、陕西文学大观园、大明宫国家遗址公园等
文化艺术场馆建设	西安音乐厅、西安大剧院、曲江电影城、陕西现代艺术展馆、陕西民俗馆、陕西文学馆等
文化事业发展中心	开展曲江论坛、曲江文化大讲堂等系列公共文化服务活动

《纲要》还提出在曲江文化产业核心区构建六大专业文化市场，见表 11－3。

2008 年，《曲江新区发展规划》当中把曲江新区的总体布局定为“一心、两带、三轴、四个板块”。“一心”是指大雁塔，“两带”是指唐城遗址保护绿带和绕城高速两侧的绿化景观带；“三轴”是指雁塔南路旅游商业发展轴、芙蓉东路生态休闲发展轴和曲江大道景观轴；“四个功能板块”是指唐风商业板块、旅游休闲

表 11－3　曲江文化产业核心区构建的六大专业文化市场

专业文化市场	地　点
文化用品、旅游纪念品及民间工艺品市场	大雁塔北广场、大唐不夜城、大唐芙蓉园，雁塔东、西苑
旅游中介市场	大唐不夜城、西安旅游服务中心
文体用品及图书音像制品市场	大唐不夜城、曲江国际会展中心
广告创意及工艺美术市场	曲江会展产业园
人才交流及演出中介市场	大唐不夜城、行政商务区
文化艺术品及文物拍卖市场	大唐不夜城、曲江国际会展中心

板块、科教文化板块和会展商务板块①。

2009 年，《曲江新区扩区发展规划》和《临潼国家旅游休闲度假区规划建设实施方案》获得市里面通过。西安市决定扩大曲江新区建设管理区域，启动曲江新区二期建设。规划的核心区域面积在原来 20.57 平方公里的基础上，新增 20.4 平方公里，达到 40.97 平方公里②。此外，西安市还决定由曲江新区和临潼区共同建设“西安临潼国家旅游休闲度假区”，“曲江新区管委会对临潼旅游区内发展改革、招商引资、规划建设、市政建设、国土资源管理、房屋管理等相关事宜，按照曲江新区管委会现行管理职能和权限进行管理。其他社会行政和事务工作由临潼区政府负责。成立西安曲江临潼旅游投资（集团）公司，属曲江新区管委会下属公司，承担临潼旅游区的项目招商、重大项目建设、投融资、基础设施建设、土地开发和经营管理工作”③。2010 年 12 月，陕西华商文化产业

① 《曲江新区发展规划》，http：//www. qujiang. com. cn/info/egovinfo/xxgk/xxgk_ content/H1625731 －4 －/2013 －1009883. htm。

② 司文：《曲江新区扩区规划和临潼旅游休闲度假区规划》，《西安日报》2009 年 10 月 27 日第 1 版。

③ 袁超群：《临潼旅游区将成西安旅游国际新品牌》，《西安日报》2009 年 10 月 27 日第 2 版。

园、陕西广电网络产业园、陕西广播产业园项目落户曲江新区，总投资近 100 亿元[①]。

2011 年，《曲江新区“十二五”发展规划》当中提出“立足西部，放眼国际，继续走内扩张、外辐射的发展道路，以文化体制和机制创新为动力，以区域板块联动发展为基础，以条块结合的跨越式发展为标志，以做大做强文化产业园区为基本定位，积极实施‘重点在影视、突破在动漫、创新在戏剧、做大在板块’的发展战略”[②]，争取到 2015 年，形成“一心、三区、五辐射”及“九大产业园区”的总体布局。“一心”是指曲江一、二期规划建设的区域，以构建“唐城－汉苑”为理念。“三区”是指曲江遗址文化旅游景区、曲江宗教文化旅游景区、曲江度假休闲旅游景区。“五辐射”是指五大辐射片区，包括关中西部的宝鸡地区（周原遗址、太白山等）、关中东部的渭南地区（韩城党家村、华山等）、陕北的延安地区（红色景区、白云山等）、陕南的汉中地区（汉文化、三国文化景区等）、陕西省之外的周边地区（天水、平遥等地）。“九大产业园区”见表11－4，表内所列各产业园区的发展目标分为国际、国内、西部三个层级。

2011 年 5 月，《西安曲江国家级文化产业示范区总体规划（2009～2020）》获得市政府常务会议审议通过。《规划》提出“以文化产业为核心，将曲江新区建成为集旅游休闲、文化创意、绿色低碳、和谐宜居为一体的西安创意生活新城区，打造成世界文化创意新地标”[③]。总体规划拟打造 6 大景观风貌区，分别是现代商务

① 程慧：《三大文化产业园落户曲江》，《西安晚报》2010 年 12 月 23 日第 6 版。

② 《曲江新区“十二五”发展规划要点》，http：//www. qujiang. com. cn/info/egovinfo/xxgk/xxgk_ content/H1625731－4－/2013－1009887. htm。

③ 张文：《曲江新区打造中国文化产业第一极》，《西安日报》2011 年 5 月 31 日第 3 版。

表 11－4　曲江新区二期规划的九大产业园区

产业园区	说　明	目　标
文化旅游产业园区	以曲江一期建设形成的大唐芙蓉园、大雁塔北广场(音乐喷泉)、曲江海洋世界、大唐不夜城、曲江池遗址公园、唐城墙遗址公园、寒窑遗址公园(爱情谷)等为基础,继续开发建设杜陵遗址公园、生态旅游通视长廊等项目	打造国际一流旅游目的地
国际文化创意产业园区	综合展演、景观设计、工艺品设计、露天艺术博览、建筑设计等产业门类	打造国际一流文化创意产业园区
数字文化产业园区	动漫游艺展示体验、数字产品测试平台、电子竞技娱乐平台、动漫产品交易平台等	打造国内一流数字文化产业园区
体育休闲产业园区	国际体育休闲、东方养生康体、度假、拓展训练等	打造国内一流体育休闲产业中心
当代艺术产业园区(艺术家村落)	以多元文化、艺术无国界为发展理念,以开放、包容的姿态,吸引当代国内外不同的艺术流派、艺术类型、艺术形式来园区创作发展,为艺术文化产业的发展提供创作源泉	打造中国最佳艺术家村落
国际会展产业园区	以曲江国际会展中心为依托,创新会展形式,开拓会展市场,不断与其他文化产业形式相结合	打造西部国际会展业中心
文化娱乐产业园区	文化消费、娱乐体验、文化旅游和科技创新等	打造西部文化娱乐产业中心
影视产业园区	影视制作、影视发行、版权交易、影视会展、影视娱乐、影视旅游体验等	打造西部影视产业基地
出版传媒产业园区	数字出版、出版物流、图书策划、图书贸易、印刷包装、版权交易等产业门类	打造西部出版传媒中心

特征景观区、滨水景观特征区、创意社区景观区、山地建筑特征景观区、台塬景观特征区、现代景观特征区。在空间结构上，总体规划提出“两轴两心多片区”。“两轴”是指由大雁塔指向杜陵的汉唐文化脉络轴、沿浐河的浐河生态轴。“两心”是指以“大雁塔—大唐芙蓉园—曲江遗址公园”为核心的唐城发展核心、以“杜陵原—杜陵大遗址公园”为核心的汉苑发展核心。“多片区”是指多个发展片区，见表 11－5。

表 11－5　《西安曲江国家级文化产业示范区总体规划（2009～2020）》中的“多片区”

建设期	发展片区	
曲江一期	国际会展片区、行政商务片区、大唐不夜城片区、曲江文化旅游片区等	
曲江二期	一塬	杜陵大遗址公园
	三镇	杜陵邑小镇、欢乐小镇、半山小镇
	两区	国际创意片区、黄渠头片区

在文物保护方面，《总体规划》将全区分为文物保护范围、建设控制地带、环境协调区，分别提出各自对应的保护措施。在文化旅游方面规划了“一轴两带四片区”。“一轴”是指汉唐皇家文化轴。“两带”是指创意文化展示带、河塬文化生态带。“四片区”是指盛唐文化旅游片区、现代都市休闲片区、创意文化休闲片区、汉陵遗址旅游度假片区。

如果对曲江新区的发展进行一定概括，可以得出这样的认识：曲江新区作为文化产业园区有两大基本功能，一个是产业集聚，另一个是辐射带动。在产业集聚方面，曲江新区采取的策略可以大体概括为以遗址为基础拓旅游，以旅游为导引展文化，以文化为核心塑品牌，以品牌为吸引促消费，以消费为动力成产业。也就是说通过将文化保护、文化展示、文化体验与游览、观光、餐饮、住宿、购物、休闲等结合起来，进而实现文化产业多个门类的发展。

曲江新区的向外辐射主要体现在带动两个圈，第一个是曲江新区文化产业核心区域对周边景区的辐射带动，这里可以简单绘制示意图，见图 11－1。

第二个是曲江新区核心区域及周边景区对西安市之外的周边地区及陕西省之外周边地区的辐射带动作用，这里也可以绘制示意图，见图 11－2。

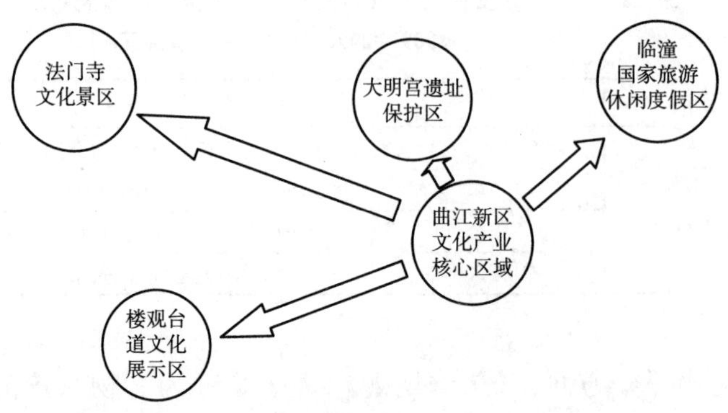

图 11－1　曲江新区核心区域及其对周边景区的辐射带动

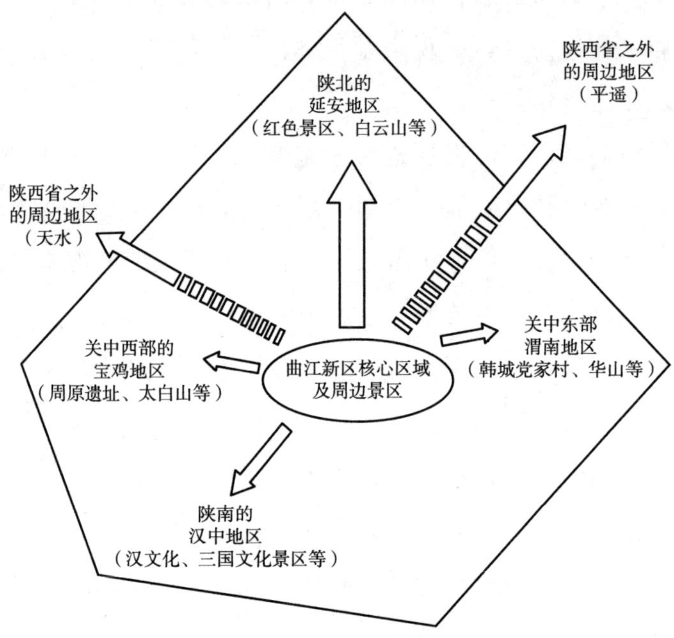

图 11－2　曲江新区对西安市之外及陕西省之外的周边景区辐射带动

此外，曲江新区作为文化产业园区，虽然有着一定的区域，但却并非一个封闭的园区。曲江新区处在西安市当中，和城市其余部分连接在一起。曲江新区的建设改变了园区内的城市面貌，这也是对城市建设的带动。由此可以发现曲江新区在发展当中是把文化产业园区经营管理和城市建设结合在一起。

三　突出某些产品和服务的文化产业园区

张江文化产业园区位于上海浦东新区，是一个突出科技研发、金融支持、创新服务等方面的文化产业园区。这里有必要交代一下张江文化产业园区所处的张江高科技园区的背景。1992 年 7 月成立的张江高科技园区是上海高新技术产业开发区的组成部分。1999 年，上海市启动“聚焦张江”战略决策[①]。2006 年，上海高新技术产业开发区更名为“上海张江高新技术产业开发区”。2011 年，上海张江高新技术产业开发区创建国家自主创新示范区得到国务院批复，上海市出台了《关于推进张江国家自主创新示范区建设的若干意见》。

2004 年 8 月，上海张江文化科技创意产业基地揭牌。该年 11 月，上海张江创意产业基地被文化部命名为首批“国家文化产业示范基地”。2005 年 6 月，上海张江文化科技创意产业发展有限公司成立，由上海张江（集团）有限公司和上海文汇新民联合报业集团共同投资 2000 万元。在政策扶持方面，2005 年，浦东新区出台了《浦东新区扶持文化发展的若干意见（试行)》，其中提出

① 上海张江（集团）有限公司：《聚焦张江实施国家创新战略》，《中国高新区》2009 年第 1 期。

“重点发展张江文化科技创意产业基地”的扶持政策，包括“张江高科技发展专项资金、浦东新区宣传文化发展基金、科技发展基金每年按4∶1∶1的比例出资，用于扶持文化科技创意项目。2005年和2006年每年投入6000万元”[①]。对注册在张江文化科技创意产业基地，经过认定的文化科技创意企业在某些方面享受一定的补贴。与之配套的还有《上海市文化科技创意产业基地文化科技创意企业（机构）认定办法（试行)》和《浦东新区张江文化科技创意产业发展基金管理办法（试行)》。在基地建设方面，一期基地是利用原武钢大厦项目改建的创意大厦，吸引了一批中小文化企业进入。二期基地规划面积2.4万平方米，主要集中动漫企业和播出平台。三期基地作为核心区，规划面积10万平方米，主要用于企业孵化、研发办公和艺术类院校建设。在金融支持方面，2006年12月成立了上海东方惠金文化产业创业投资有限公司。2007年12月又成立了上海东方惠金融资担保有限公司，为基地提供投融资服务[②]。

2008年3月，上海张江文化控股有限公司注册成立，由上海张江（集团）有限公司投资，是在原有的张江文化科技创意产业发展有限公司、张江数字出版产业发展有限公司、东方惠金文化产业投资有限公司、张江动漫科技有限公司、张江文化传媒有限公司(原名张江文化艺术有限公司）和浦东电子出版社的基础上组建的。2008年6月，张江动漫谷和上海张江文化控股有限公司举行了揭牌仪式。2008年7月，张江国家数字出版基地挂牌。

上海张江文化控股有限公司负责张江文化产业园区的环境运

---

① 《浦东新区扶持文化发展的若干意见（试行)》，http：//www.zjpark.com/InfoShow.aspx？id=8076&infoitem_ id=363。

② 浦新：《努力打造中国的“动漫谷”——访上海张江文化科技创意产业发展有限公司总经理袁力强》，《浦东开发》2007年第7期。

营、服务集成和产业发展。经该公司的规划协调和整合资源，张江动漫谷建设起来，其重要组成部分上海动漫博物馆于 2010 年 4 月落成，可以实现动漫的展示交流、科普教育、体验互动等功能。此外，张江动漫谷还集中了上海版权交易中心、上海版权服务中心、上海动漫产业促进会等，可以方便版权交易和服务以及建立产业联盟等。2011 年 6 月，“张江文化创意孵化器”（2006 年建成）和“张江数字出版基地孵化器”（2008 年认定）合并成为“上海张江数字出版文化创意孵化器”，由上海张江数字出版文化创意产业发展有限公司作为运营主体。该孵化器“围绕互联网游戏出版、互联网文学、期刊、图书、地图出版、互联网影视动漫视频出版、互联网教育出版、手机出版以及数字印刷等发行方向，建立精、专、深的专业孵化服务体系”[1]。2011 年，张江文化产业园区被文化部命名为第三批“国家级文化产业示范园区”。

如果对张江文化产业园区的发展进行一定概括，可以得出这样的认识：张江文化产业园区利用上海张江高新技术产业开发区的环境、政策、人才优势，以文化科技为支撑，加上金融的推动，重点发展动漫、网络游戏、影视制作、创意设计、数字内容、新媒体等文化产业。在服务软环境的营造方面，张江文化产业园区成立了创意与文化产业公共人力资源服务中心、张江创新学院文化创意分院。园区的技术性公共服务平台包括动漫研发公共服务平台、影视后期制作公共服务平台、数字出版技术研发平台。园区提供的服务还包括“老总沙龙、法律咨询、工商服务、人才招聘等十五项基础服务以及项目筛选、基金申报、专业设备共享、融资担保、孵化空间等十五项专业服务”[2]。

---

① 《张江数字出版文化创意孵化器项目获国家服务业发展引导资金资助》，http：//www. zjpark. com/InfoShow. aspx？ id = 8969&infoitem_ id = 10。

② 《科技 + 金融 + 服务的张江文化产业新模式》，《领导决策信息》2012 年第 9 期。

还有一种文化产业园区，是从当地特色文化产业发展起来的。四川省自贡市是中国彩灯文化的汇聚之地。1992年，经国家文物局批准，建立了中国彩灯博物馆，建筑面积6000多平方米，用来进行收藏、保护、研究、展示中国彩灯文化。为了能够更好地发展彩灯文化产业，2000年6月，自贡市颁布《自贡市彩灯行业管理规定》。2001年，中国彩灯博物馆与自贡彩灯公园实施合并，建设了48米高的“南国灯城”标志性建筑灯塔，并修建了北大门，形成彩灯文化发展园区。该园区占地9万多平方米，水面7000多平方米，集灯馆、灯园、灯塔、灯街、灯市于一体，是春节期间自贡国际恐龙灯会的举办地，该灯会到2013年已经举办了十九届。2004年，四川自贡中国彩灯文化发展园区被文化部命名为第一批“国家文化产业示范基地”。到2010年，自贡已经有200家左右的彩灯企业，年销售收入超过15亿元，从业人员达4万人。2012年，自贡市印发《自贡市彩灯产业发展“十二五”规划》提出打造中华彩灯大世界，包括彩灯展示区、彩灯创意园区、综合游乐休闲区、游客中心等①，这是进一步拓展彩灯文化产业园区的设想。

四　把民族文化融入文化产业园区建设

四川省凉山彝族自治州在进行文化体制改革的过程当中探索如何发展民族文化产业。凉山文化广播电影电视传媒有限公司是该州深化文化体制改革的试点单位。该公司2000年成立，是凉山彝族自治州文化影视新闻出版局下属的国有独资公司。公司拥有近6亿

① 自贡市人民政府办公室：《印发自贡市彩灯产业发展“十二五”规划（2011～2015年）的通知》，http://www.zg.gov.cn/news/articles/2012/08/03/20120803162945-871699-00-000.aspx。

元的资产，旗下16家文化生产经营单位，涉足传媒、演艺、会展、影视、广告、休闲、娱乐等多个方面。目前，该公司形成了从创意策划、设计编导到生产制作、市场营销的能力。

从项目运营来说，凉山文化广播电影电视传媒有限公司投资3个多亿建设了凉山民族文化艺术中心，占地15公顷，建筑面积2.5万平方米，包括大剧院、火把广场、黑虎广场、山鹰广场等。该中心融合民族性和现代性，成为凉山的标志性建筑。该公司还投资开发了广告中心、中影星美国际影城、金鹰大剧院、天籁音乐休闲厅、索玛阳光商务会所、火把山生态俱乐部、九虎青少年活动中心、阿斯牛牛彝族风情餐厅等。公司进行的文化产业项目涉及面比较广，包括创意包装、传媒文化、综艺晚会、文体赛事、地方节庆、媒体广告、户外广告、平面出版、音像出版、文化旅游、文化娱乐、文化商业、餐饮休闲、影视制作、教育培训、艺员经纪、商业演出、公益文化等。一方面该公司在文化产品生产、商业演出、文化包装等方面表现突出，另一方面，公司进行的项目当中突出民族特色，许多项目是以民族文化为载体进行的。

凉山文化广播电影电视传媒有限公司将文化、传媒、商业三者结合在一起，整合凉山民族文化艺术中心、凉山歌舞团、凉山广播电视台的产业经营资源，创建中国·凉山民族文化产业园区，其定位就是要打造中国民族文化产业的知名品牌。2010年，凉山文化广播电影电视传媒有限公司被文化部命名为第四批“国家文化产业示范基地”。2013年，公司组建了凉山文化广播影视传媒集团有限公司。

五　文化产业园区模式怎样在中国发展

改革开放以来，中国出现了各类园区，如工业园区、科技园区等。随着近年来文化产业在中国的升温，文化产业园区也似乎被当成一种“新鲜事物”，不少地方都纷纷建设。2010 年 6 月，文化部发布的《关于加强文化产业园区基地管理、促进文化产业健康发展的通知》（文产函［2010］1169 号）当中指出“当前文化产业园区、基地发展进程中出现了一些不容忽视的不良倾向，一哄而上、盲目发展的问题比较突出。有的地方建设的文化产业园区功能定位雷同，文化含量低，浪费资源；有的地方和部门热衷于给文化产业园区、基地命名‘挂牌’，而忽视其条件和内涵；有的地方以文化产业之名违规占地，搞房地产及其它产业开发；有的地方在历史文化资源的开发利用中存在偏差；众多城市竞相上马建设动漫产业园区、基地或文化主题公园”①。概括起来，大体上存在各地重复建设，园区文化特色不突出，园区内文化企业比例过少，园区本身不符合当地实际等方面的问题。《通知》从规划、命名、认定、审核、管理、考核等环节入手提出了一些解决这些问题的办法。

如果分析为什么会产生这些问题，自然有利益驱动的因素在其中，不过如果进行更深入的分析，恐怕还有对文化产业园区模式的认识不够深入的因素。正是因为不清楚什么是文化产业园区，不知道到底该如何建设，故此才会出现盲目发展的问题。其实，对于文化产业园区的认识，不能简单地停留在给点优惠政策，进行招商引资这样的水平。文化产业园区固然是试图把文化资源、文化企业集中起来，但是园区内部一般也还有别的产业，有的还有居住区。对外来说，文化产业园区具有辐射带动作用，某些园区还起到示范引导作用，由此就不能不考虑文化产业园区的社会影响。从文化实践

① 《文化部关于加强文化产业园区基地管理、促进文化产业健康发展的通知》，http：//zwgk. mcprc. gov. cn/auto255/201007/t20100708_ 20793. html。

的理论来看，缺乏文化内涵和文化品位的文化产业园区很难有竞争力。既然规划、建设、管理、运营文化产业园区都是文化实践，那么就需要了解文化产业园区本身和文化之间的关系，这里可以从传统文化和现代文化、本土文化和外来文化、精英文化和大众文化所代表的三个维度来分析。

文化产业园区可以是在传统文化遗址的基础上进行开发建设，展现历史文化风貌。不过由于文化产业园区的建设主要服务于当代文化产业的发展，故此即便是以传统文化为题材进行建设，在管理经营上还是会引入现代文化的内容。但是，倘若有些地方没有什么传统文化资源可以挖掘，这个时候建设文化产业园区所想的办法之一就是借助科技手段和金融支持发展新兴文化业态，这体现的是现代文化。

有些文化产业园区主张国际化发展，希望能够吸引一些国外大型文化企业进入。先分析一下其背后是一种什么样的心态。是觉得园区当中有那些外国文化企业讲起来好听一点呢，还是要借鉴那些外国文化企业的技术和管理方法呢？另外一个问题是，这样做会使中国的文化产业发展在多大程度上受到外来文化的影响？再来看文化产业园区的企业孵化作用，如何能够立足于发展本土文化，培养一些具有潜力的本土文化企业，使中国的文化产品和文化服务能够走向世界，可能是中国的文化产业园区更需要考虑的问题。

一个文化产业园区是否成功，不仅是看其产值、园区内企业数量，还要看这个文化产业园区到底带着一种怎样的理念。如果说文化产业园区是人才集中之地，那么也应该是精英文化得以发展之地，但是在现实当中往往会看到这样的情况，那些心怀梦想的创业者在辛辛苦苦地生产大众文化。这里暂且不论是什么原因造成了这种现象，但是这种现象本身反映出如今的许多文化产业园区缺乏理念。如此的文化产业园区能够有多少创新呢？

中国在发展民族文化产业的过程中，可以考虑打造一些具有民族特色的文化产业园区。以民族文化为载体统领各个项目，在文化产品生产、商业演出、文化包装、传媒、广告、影视、会展以及产业链拓展和国内外文化交流合作等方面充分利用民族文化资源，突出民族特色。

第三篇 策略与路径

第十二章

思路和对策：发展文化产业要注意哪些要点

一　关于发展文化产业的思路问题

在当代中国，文化产业已经显示出自身特色和未来巨大的发展潜力，许多地方尝试把发展文化产业作为转变经济发展方式、调整经济结构、促进社会和谐、满足群众文化需求等方面的重要手段，但是在实际的发展中，却存在着对谁来发展、发展什么、怎样发展等一些核心问题认识不清、缺乏思路的情况。

正如市场经济有其自身的规律一样，文化产业同样有其自身的特点，不管是一个省区，一个城市，或是一个区县，一个乡镇，既要注意文化产业发展的共性问题，又要充分考虑到当地的特点，既要抓住机遇，也要看到不利因素。要做到这些，关键是要有思路，特别是对那些文化产业还处于初步发展阶段的地方来说，思路决定了怎么才能把文化产业发展起来，怎样才能让文化产业发展得更好。

关于发展文化产业的思路问题可以谈不少方面，这里仅从主体建设、产品结构、市场开拓、效益提升、品牌塑造等方面对如何促进文化产业良性发展做一些探讨。

二　主体建设："引导者"和"参与者"相结合

发展文化产业，首要的问题是"谁来发展"。从当前中国文化产业的发展情况来看，一种是政府推动型，一种是民间自发型。政府推动型，主要是指政府看到发展文化产业的价值，把发展文化产业作为转变经济发展方式、调整经济结构的重要手段，出台相应的政策对文化产业进行扶持，根据本地情况制定文化产业发展规划，推动文化事业单位转企改制等。民间自发型，主要是指企业或民间个人意识到文化产业在获得利润或增加收入方面的作用，通过利用各种文化资源，进行文化产品生产，提供文化服务，从事文化经营等。

对于地方来说，在发展文化产业的时候需要将"引导者"和"参与者"结合起来。许多地方重视发展工业，政府希望通过发展工业带来财政收入的增长，以便增加用于投入的资金进行基础设施改造和城乡建设，但是在发展文化产业的时候要注意其特点，只有民间收入增长，才能更多地进行文化消费。这需要转变发展观念，充分发挥政府的引导作用，把地方文化建设作为带动地方经济社会发展的重要路径，通过制定相应的发展规划，整合文化资源，改善投资环境，出台加快发展文化产业的实施意见，在财政、税收、土地、工商、人才等方面进行政策扶持。政府的推动可以提升文化建设在地方发展当中的位置，营造地方文化产业发展的氛围，从而调动民间参与的积极性，不仅促进企业参与，而且要促进群众参与。

从文化实践的角度出发，在不同地方发展文化产业可以采取不同的形式。在城镇，可以通过文化企业的形式来进行，文化企业要在文化产品和文化服务的质量上下功夫，增强核心竞争力。在农村，可以通过发展特色乡村文化产业来进行，群众在农业生产之外从事文化经营，如开办农家乐、成立演出队、制作民间工艺品等；对于一些传统风貌保存较好的村寨，可以开展以特色文化体验为主的文化经营活动。这种分散化的群众文化经营活动作为文化企业经营之外的重要形式，不仅能够增加就业、提高群众收入水平，还可以在一定程度上起到对传统文化的保护和传承作用。通过政府引导，形成城乡联动、企业和群众共同参与、多种所有制共同发展的文化产业格局。

三　产品结构："特色化"和"多样化"相结合

明确了"谁来发展"文化产业的问题之后，接下来的问题是"发展什么"，包括发展哪些文化产业门类，生产什么样的文化产品等。文化产业包含诸多门类，但一个地方并不是所有文化产业门类都适合发展，如果盲目贪多求大，各种门类一拥而上，反而难以操作。解决上述"发展什么"的问题，可以从"特色化"和"多样化"两个方面入手。"特色化"，就是需要考虑本地有什么样的文化资源，哪些资源最能体现出当地的特色，从而具备发展优势。"多样化"则是指文化产品的生产需要考虑是否能够适应市场需求，既然文化需求呈现多样化的特点，故此也要求提供多样化的文化产品。

对于地方来说在发展文化产业的时候需要将"特色化"和"多样化"结合起来。一方面，在总体规划上找准"切入点"是什么，充分利用好本地文化资源，重点是突出特色，尽量避免发生雷同。另一方面，随着经济的发展，人们收入的提高，文化需求日益呈现出个性化的特征，过去在工业化发展当中采用的那种批量化生产的方式难以适应当代人对于文化产品的需要。故此，在具体的文化产品提供上应采取多种形式，并且注意日益丰富产品结构，满足不同层次文化消费者的需求。

这里要注意的问题是，地方发展文化产业本身具有的优势是本地方特色的文化资源，这种特色正可以成为地方提供差异化文化产品的出发点，但是城镇化的推进可能导致一些地方传统文化的丧失，而现代技术手段的运用可能改变那些手工生产出来的产品的特性，因此地方需要在保护和开发之间寻找平衡点。

四　市场开拓："引进来"和"走出去"相结合

发展文化产业初期的目标是要打开局面，这就是说只是有了产品还不够，还需要开拓市场。从本地市场和外部市场的角度切分，可以采取"引进来"和"走出去"两种办法。"引进来"主要是解决本地资金不足、本地文化消费不足等问题，这是因为本地市场的建立需要两方面的要素，一个是要让本地有优越的文化消费条件，这可以采取项目带动的方式，在本地资金不足的情况下，可以通过招商引资，利用外部资金来解决；另一个是要有充足的文化消费群体，在本地文化消费不足的情况下，可以通过与旅游结合，发展文化旅游，吸引更多的游客前来。"走出去"主要是将本地生产的文化产品销售出去，或到异地提供文化服务等。

对于地方来说在发展文化产业的时候可以将"引进来"和"走出去"结合起来。许多地方有着良好的文化资源，关键是要进行合理的开发。在扩大本地市场方面，通过改善交通基础设施和改善服务设施，提高旅游接待能力，可以为吸引外部投资创造条件。通过整合具有代表性的重点文物和非物质文化遗产，结合自然生态，规划一些大型项目，在项目方面要特别注意几个环节：在项目论证当中，需要注意项目的功能定位，为适合不同类型消费群体的需求，可以考虑将风景观光、休闲娱乐、文化体验、科研教育、探险健身等多种功能进行集成；在项目开发方面，可以采取相对灵活的合作方式；在项目建设过程中，需要注意建筑材料、施工进度等，确保项目的质量达到标准；在项目完成后，还要进行高效能的经营和管理，来丰富提升旅游景区景点文化体验的内容，从而延长旅客停留时间，发挥旅游对文化消费的促进作用。

在拓展外部市场方面，在本地发展起来的文化产业项目还可以考虑向外推广，比如在本地开发反映本地特色的各种文化纪念品、工艺品，除了在本地经营之外，同样可以销售到外地市场；在本地创作和上演的具有地方风味的演艺产品，也可以考虑以不同版本的形式在外进行商业演出；再比如影视、动漫等的制作，更是可以考虑引进外部团队前来进行实地拍摄和体验创作，而影视剧、动漫产品则可以有更好的流通性。

五　效益提升：“线路化”和“链条化”相结合

在打开局面之后，发展文化产业的中期目标要考虑的问题是如何扩大规模，如何提高效益，这需要从更高层次上来思考本地文化产业的发展策略。一种思路是“线路化发展”，就是通过线路设计，使文化消费群体能够做出更多体验本地文化的消费选择，这是因为现代科技的发展使得人们获取信息更加容易，各种异文化的事物、景象通过各种报纸、刊物、电视、网络等媒介不断进入人们的视野，这容易造成人们的审美疲劳，单一的景点景区已经不能满足人们的文化消费需要。“线路化发展”可以根据线路涵盖区域范围的大小来区分，第一种是本地线路，是指将本地分布在各个景点景区中的各种文化资源按照不同风格、不同交通分成不同的文化旅游线路；第二种是国内线路，是指将本地方作为国内某些文化旅游线路当中的结点；第三是国际线路，是指将本地方作为国际某些文化旅游线路当中的结点。

还有一种思路是“链条化发展”，也就是形成产品的链条和产业的链条。从产品链条来说，可以将多种文化产品和文化服务贯穿吃、住、行、游、购、娱的各环节，使消费者到了某地方后在各个环节当中都能得到一定的文化体验；从产业链条来说，是指通过文化产业和旅游业的互动融合发展，带动现代农业、轻工业、房地产业、商业、餐饮业等相关产业的发展。

对于地方来说在发展文化产业的时候可以把“线路化发展”和“链条化发展”结合起来。在“线路化发展”方面，地方需要充分发挥自身的文化资源优势、区位优势，围绕重点景区，积极主动地进行本地文化旅游线路规划和构建，并从周边县市着手，向外拓展，促进本地线路与国内、国际重要线路的连通，在国内线路上，力图使本地成为邻近地区文化旅游线路当中的重要结点，进而纳入全国精品文化旅游线路当中；在国际线路上，尝试发展跨境旅游，努力使本地成为国际旅游当中的中转站。在“链条化发展”方面，积极主动思考如何把文化产业同本地原有传统产业相融合，力图通过发展文化产业拉动旅游、餐饮、商业、信息、物流、建筑、运输等产业的发展，增加相关产业文化含量，延伸文化产业链，提高附加值，促进本地产业的转型升级。

六 品牌塑造："增关注"和"使记住"相结合

文化产业的长期发展目标是"推动文化产业成为国民经济支柱性产业"，对于一个地方来说，也就是成为该地方的支柱性产业，这就要先理解清楚文化产业成为"支柱性产业"的含义是什么。如果仅仅从文化产业对经济总量的贡献出发，用文化产业增加值占国内生产总值（GDP）的比重来衡量，恐怕还只是单一标准，另外的标准还有文化产业从业人员的数量，可以表明文化产业对就业的贡献。但是如果从文化产业的属性出发去进行更深入思考就会发现，文化产业更重要的作用是在增强文化软实力和文化影响力方面，在这个意义上，文化产业成为一个地方支柱性产业的另外一层意思是指发展文化产业所带来的地方文化软实力和文化影响力的增强，成为该地方经济社会发展的强大动力和重要支撑，进而关联带动该地方多个方面的发展，使得该地方的整体实力得以提升。要做到这些可以采取"引发关注"和"让人记住"两种思路。"引发关注"，主要是指通过宣传营销，把地方文化产业当中的亮点展示出来，让更多的人希望到该地来进行文化投资或文化消费；"让人记住"主要是指在品牌塑造上下功夫，树立地方文化产品或文化服务在文化消费者心目中的良好形象。

对于地方来说在发展文化产业的时候应该把"引发关注"和"让人记住"相结合，也就是把宣传营销和品牌塑造结合起来。一方面，加大资金投入以各种渠道对外宣传，通过大量的推介、营销、媒体报道，改变过去不为人们所了解的情况，尽量把自己的优势展现出来，让人们知道，让大家产生兴趣，引发人们对该地的关注，从而吸引更多的企业到该地来投资，更多的游客前来体验文化。另一方面，着眼于长远，把发展文化产业与地方文化形象和魅力塑造密切联系起来，围绕文化资源，重点打造若干品牌，不仅要树立文化产业的品牌，还要借此建立地域的品牌，不断发挥品牌效应，不仅让更多的人前来，而且让来过的人感到来得值得，值得再来，并能向外推介。

此外，还要将文化产业与转变经济发展方式、调整产业结构、促进城乡建设、推动生态保护、助力对外交流等结合起来，增强文化产业发展的持久度，使文化产业真正成为地方经济社会发展的支柱性产业。

七　民族地区发展民族文化产业的对策

上述发展文化产业的思路也适合民族地区，不过还应注意民族地区在发展民族文化产业当中的一些特殊性，比如经济社会发展水平还不太高，消费群体的定位比较复杂，产品流通有一定难度等。针对这些特殊性可以提出一些相应的对策。总体来说，民族地区在今后进一步发展民族文化产业的过程中应注意如下几个方面。

一是加强政府推动，为民族文化产业发展提供政策保障。民族文化产业是一种群众参与性较强的产业形式，一些少数民族或民族地区虽然有发展民族文化产业的愿望，但在实际发展当中会遇上各种问题，这就需要政府在土地、财税、资金、宣传等方面给予扶持，如对中小民族文化企业减免税收，设立民族文化产业发展专项基金等，为民族文化产业的发展提供政策保障。

二是突出产品特色，增强民族文化产业的竞争力。民族文化产业发展当中有时会发生产品形式雷同的情况，比如相距不太远的若干个民族村寨，文化景观大体相似，这种情况下就需要从突出特色着手，避免同质化竞争；对于同一类型的民族文化产品，如民族刺绣，不但要突出本民族的特点，而且要通过进行再创造，实现产品形式的多样化，打造民族文化产业的品牌，增强民族文化产业的竞争力。

三是丰富营销手段，积极开拓民族文化产业的市场。从目前民族文化产业的发展情况来看，利用本地民族文化资源，与旅游相结合进行发展的情况还比较普遍，这种情况比较依赖旅游带来的外部消费群体。在有些地区，民族文化产业受季节影响比较明显，而把文化产品打出去，开拓外部市场方面还显得不够。在今后的发展当中，民族文化产业需要在营销手段上下功夫，积极把民族文化产品推向外部市场。

四是注重人才建设，培养民族文化产业需要的各种人才。在民族地区许多地方，文化产业相关的人才还比较缺乏，这就要从当地实际出发有针对性地进行人才培养。一方面需要培养一些懂得一定经营管理，又具有良好市场意识的人才，使之成为当地发展民族文化产业的带头人，带动各民族的群众进入民族文化产业。另外，还需要充分发挥各民族民间艺人的作用，对广大群众进行产品制作的技术培训。

第十三章

中国发展民族文化产业的延伸路径

一　民族文化产业如何寻找发展的延伸路径

文化产业是一种在新的时代被赋予新的意义的产业形态组合，更多体现的是观念的更新，是新的国际竞争中世界各国彰显综合国力的新竞争点。在中国，文化产业是新形势下被重点培育的产业，而发展民族文化产业实际上是在发展具有中国特色的文化产业。民族文化产业体现出实践特色、理论特色、民族特色、时代特色。发展民族文化产业有利于今后中国的发展模式创新，民族理论和制度创新以及文化创新。

从文化实践的角度出发，民族文化产业如果要想在中国的未来发展当中发挥更大作用，就要促进经济建设、政治建设、文化建设、社会建设、生态文明建设相互协调，并通过这种文化实践来开拓生产发展、生活富裕、生态良好的文明发展道路。民族文化产业具备立足实践的基础，以人为本的关怀，统筹兼顾的特点，全面协调可持续发展的思路，这使其有更大发展空间，可以在经济、政治、社会、文化、生态等建设中寻找发展的延伸路径。

二　经济路径：促进经济结构调整，创新经济发展方式

加快转变经济发展方式是国民经济和社会发展“十二五”规划当中的主线，经济结构战略性调整是加快转变经济发展方式的主攻方向。转变经济发展方式，就是要改变过去外延型、粗放型的发展方式，通过提高资源利用率，依靠消费、投资、出口协调拉动和第一、第二、第三产业的协同带动，采取内涵型、集约型的发展。

国家《文化产业振兴规划》指出文化产业“是推动经济结构调整、转变经济发展方式的重要着力点”。民族文化产业是通过保护、开发、利用等方式把民族文化资源转化为民族文化产品和服务的过程。发展民族文化产业实际上是从文化实践来看发展，这就改变了过去长期单纯注重经济资源，重视经济发展，忽视文化资源，忽视社会文化发展的情况。发展民族文化产业，是通过文化实践带动经济社会发展，实现从单一经济的片面发展模式向多方面统筹发展模式转变，从资源消耗型发展到资源再造型发展的转变。

由于复杂的地理和历史因素，中国经济发展当中还存在城乡之间、区域之间不协调的情况，在西部地区、民族地区、边疆地区等还存在基础设施相对滞后，产业结构不合理，人才相对缺乏，技术创新能力不足等不利因素。发展民族文化产业可以避开这些经济发展中的不利因素，充分利用各地方、各民族的特色文化资源，通过新的产业发展思路与传统产业形成互动融合发展，加快当地产业转型升级。民族文化产业有利于国家内部各民族对经济发展方式的创

新，将成为中国经济结构战略性调整的重要支点和新的经济增长点。

发展民族文化产业，可以充分发挥各族人民的创造力，利用民族文化资源提供新的发展思路，与传统产业形成互动融合发展。在第一产业方面，可以通过农业的文化化，发展文化农业，如一些民族传统经济当中的茶、竹、花等产业都可以向茶文化产业、竹文化产业、花文化产业转变；根据各民族生存环境的特点，发展与生态文化旅游相关的生态农业，“利用农业景观资源发展观光、休闲、旅游等农村服务业，使农民在农业功能拓展中获得更多收益”①。在第二产业方面，可以通过工业的文化化，发展文化工业，如轻工业当中的玩具、服装产业等都可以转化成文化产品进行开发，特别是在一些景区，民族民间工艺品、富有民族民间特色的服饰等具有相当大的市场；再比如建筑业当中的房地产业，可以在文化产业带动下进行文化地产、旅游地产的开发，并且考虑融入各民族的传统建筑文化。在第三产业方面，可以通过商业的文化化，发展文化商业，如原来的一些纯商业街区逐渐转向融合餐饮、购物、休闲、娱乐等为一体的文化商业街区，而打造民族文化市场也是一种不错的选择。由此可见，在民族文化产业的带动下，通过产业的文化化有可能形成一条新的产业发展道路。

三　政治路径：推进政治体制改革，塑造和平发展环境

当代中国，政治体制改革是全面改革的重要组成部分，“必须

① 《中华人民共和国国民经济和社会发展第十二个五年规划纲要》，《人民日报》2011年3月17日第1版。

继续积极稳妥推进政治体制改革，发展更加广泛、更加充分、更加健全的人民民主”[①]。文化产业注重从创意出发，激发社会创造力。民族文化产业立足于各民族的群众所进行的文化实践，产业形式往往是出自群众的自发创造，发展成果为各民族的群众所共享。发展民族文化产业汇集群众智慧，体现出尊重群众的首创精神，是以人为本，是发扬民主，具有巨大的发展潜力。

在国内民族问题上，每个中国公民的民族成份如何确定有相关的规定，某些人却把国外民族理论当中的某些名词术语套用在中国56个民族上，提出改变“民族”这一名称的想法，试图用这种方式进而质疑某些现行的与民族问题相关的制度、体制、政策，这种想法和现实当中各民族群众的民族感情之间可能有着不小的差距，甚至还有可能影响社会稳定和民族团结，能行得通吗？而通过发展民族文化产业的思路是通过文化实践的方式，运用文化经济的手段，促进各个民族的群众之间增进相互了解和沟通，这种方式更容易为人们所接受，在此基础上再来谈制度创新的问题似乎更稳妥。

发展民族文化产业，可以通过产业合作、文化对话等形式密切全国各族人民的往来，多渠道联系港澳同胞、台湾同胞和海外华侨华人，融洽感情，有利于增强中华文化的认同感，为促进国家和平统一服务。

边疆民族地区在与周边国家和区域发展当中无疑具有区位优势，通过发展民族文化产业，促进睦邻友好，保持地区的和平稳定，推动经贸往来，建立合作平台，建设和谐边疆，为各族人民创造良好的发展环境。

---

① 《坚定不移沿着中国特色社会主义道路前进为全面建成小康社会而奋斗》，《人民日报》2012年11月18日第1版。

四　文化路径：增加文化整体实力，推动对外文化交流

从鸦片战争到现在的一百多年来，古老的中国发生了深刻的社会变迁。造成这种变迁的一个重要原因是外来文化的冲击，特别是西方文化。从世界历史进程来看，西方一些国家通过殖民扩张活动占领了大量土地、掠夺了大量财富，为自身完成工业化打下了基础，并且仗着坚船利炮给亚非拉许多国家和地方的人民造成了沉重的灾难。西方列强的手段当中也包括了文化上的渗透。中国同样遭遇了这种文化传播，这是外来文化对中华几千年传统的挑战。在应对当中，一些中国人开始学习了解西方文化，甚至出现过“全盘西化”的主张。让人感到不解的是，直到21世纪的今天，竟然还有一部分人看不到西方社会的种种病态，以及资本主义给全世界带来的多少次经济危机，而仍然把西方发达国家当作现代化的唯一样板，这不能不说是一种误读。

改革开放之后，随着中国和世界各地的来往日益增多，外来文化也在以各种形式陆续进入中国，特别是西方文化对中国的渗透尤为强烈，在青年一代当中产生广泛的影响。这种影响有许多是通过西方的文化产品，如电影、流行音乐、时尚服饰、奢侈品等发生的。这些西方的文化产品当中有不少是在传达着西方的价值观念。要引起人们注意的是西方文化与西方社会的关系，特别是当代西方资产阶级的种种思潮在维护资本主义社会利益和对外传播腐朽没落文化（拜金主义、享乐主义、功利化、庸俗化、浅薄化等）当中所扮演的角色。

中国作为多民族国家，各民族在历史上创造了具有本民族特点

的文化，成为中华民族文化宝库当中的组成部分。中国的民族文化资源十分丰富，具备参与新一轮全球化竞争的天然优势。以民族文化资源为依托发展民族文化产业，将体现中华文化博大精深的文化产品、文化服务输送出去，有利于增强中华文化的国际竞争力和影响力，提升国家文化软实力。

文化加产业，本身就兼具无形精神和有形产品的双重特性，经济全球化背景下，这些都是流动的，故此发展民族文化产业也是文化交流合作的重要形式。中国的对外文化交流包括各民族文化的对外交流，增加民族文化在对外文化交流中的比重，以各种体现民族文化特色的活动参与中外互办的文化年，在国外举办中国文化节、艺术周、电影电视节、博览会和各类演出、展览等，促进形成全方位、多层次、宽领域的对外文化交流格局。

五　社会路径：满足群众文化需求，构建和谐稳定社会

保障和改善民生是社会建设的重点。发展文化产业要“坚持把社会效益放在首位，坚持社会效益和经济效益有机统一”[①]。中国不同地区、不同民族的群众在文化需求上既有共性的方面，如读书、看报、听广播、看电视等，又有许多自身特点，如民族地区的群众喜欢参与一些具有本民族文化传统的活动，如唱民族歌曲、跳民族舞蹈、过民族传统节日等。群众共性的文化需求可以通过完善公共文化服务体系满足，而发展民族文化产业可以根据不同文化资

---

① 《关于深化文化体制改革推动社会主义文化大发展大繁荣若干重大问题的决定》，《人民日报》2011 年 10 月 26 日第 1 版。

源，提供差异化的文化产品，从而满足各民族的群众个性化多样化的文化需求。因此可以说发展民族文化产业是市场经济条件下，以非公共文化服务的方式保障各民族群众基本文化权益的重要途径。

边疆民族地区的长治久安直接影响到国家安全、民族团结与中国在国际社会中的利益问题。边疆民族地区靠近国境线，担负着守土戍边的重任，更需要提高文化安全意识。文化触及人的精神世界，故此文化产业具有和其他产业不同的特点，它通过文化产品在人精神层面的作用又反过来影响社会舆论和市场选择。发展民族文化产业，创作出更多优秀的民族文化产品，促进不同群体之间的文化交流，这更有利于加强民族团结，构建和谐文化，建设和谐社会。

六　生态路径：提升生态文明建设，优化生产生活家园

生态文明建设在中国未来发展中地位突出。建设美丽中国要“加快建设资源节约型、环境友好型社会，提高生态文明水平”①，以实现中华民族永续发展。边疆民族地区是中国构建生态安全屏障的重要区域，特别是在一些生态环境脆弱的地区不适合发展造成环境污染的工业门类。文化产业是低能耗、低污染的产业，与知识经济、绿色经济的理念是相通的，强调文化作为生产要素的重要性，减少人对自然资源的过分依赖，从而实现对于生态环境的保护和可持续发展。

---

① 《关于制定国民经济和社会发展第十二个五年规划的建议》，《光明日报》2010 年 10 月 28 日第 1 版。

通过发展民族文化产业，可以改变传统产业对自然资源的利用方式，减少人对环境的破坏作用，避开发展当中的资源环境约束，走一条新的产业发展道路。这条道路不同于西方一些发达国家经历的传统工业化道路，或者说先污染、后治理的产业发展道路，而是一条以第三产业为驱动力，与发展现代农业、新型工业化形成互动的新产业发展道路。

在许多民族的早期文化当中存在自然崇拜，这种崇拜在客观上起到了保护自然的作用，比如对圣湖的崇拜减少了对湖水的污染，对山林的崇拜减少了对森林的滥伐。发展民族文化产业，广泛宣传各民族传统文化当中这些关于人与自然和谐相处的理念，可以改变人们盲目追求物质产品的消费观，更多地享受文化产品所带来的精神愉悦，特别是感受依托各地区的秀美山川和各民族的人文风情所产生的生态文化产品，广泛接触大自然，树立环保意识，促进生产生活空间的优化。

第十四章

民族文化产业引领中国改革开放的第四次飞跃

一　中国改革的第四次飞跃

如果从1978年12月算起，中国的改革开放已经进行了30多年。中国的改革开放是一个实践的过程。这里先来看看改革。纵观改革的进程，大体上已经历了三次飞跃。需要说明，这种飞跃并非单纯阶段的划分，只是表明不同的动力在推动改革向前，故此并不存在时间上绝对的断点，也就是说并不是前者结束、后者开始的继替关系。实际上，不同研究的侧重点不同，但不管哪种对改革的分析也很难涵盖所有的历史。

改革的第一次飞跃，动力来自农村。农村改革当中的一个主要内容就是实行家庭联产承包责任制，形成了统分结合的双层经营体制，也就是分散经营和统一经营相结合，这些措施旨在调动广大农民的生产积极性。1980年9月，《关于进一步加强和完善农业生产责任制的几个问题》当中把多种形式的生产责任制分为两类：一类是小段包工，定额计酬；一类是包工包产，联产计酬，还提到专业承包联产计酬责任制。1982 年，《全国农村工作会议纪要》当中提到当时全国农村已有 90% 以上的生产队建立了不同形式的农业生产责任制，并且对包干到户进行了解释，认为不同于合作化以前的小私有的个体经济。1982 ~ 1986 年，中央“一号文件”都是围绕农村，见表 14 - 1。农村改革还推动了乡镇企业的异军突起，使农村产业结构发生变化，吸纳了大量农村剩余劳动力。

表 14 - 1　1982 ~ 1986 年的中央“一号文件”

年份	文件名称
1982	《全国农村工作会议纪要》
1983	《当前农村经济政策的若干问题》
1984	《关于一九八四年农村工作的通知》
1985	《关于进一步活跃农村经济的十项政策》
1986	《关于一九八六年农村工作的部署》

资料来源：根据各年资料整理。

改革的第二次飞跃，动力来自城市。1984 年 10 月，《关于经济体制改革的决定》提出加快以城市为重点的整个经济体制改革的步伐，并指出增强企业活力是经济体制改革的中心环节。围绕这个中心环节，主要是解决国家和企业、企业和职工这两方面的关系。该《决定》对计划经济和商品经济的关系有了新的认识，提出有计划的商品经济。1992 年初，邓小平在南方谈话当中讲道：“计划多一点还是市场多一点，不是社会主义与资本主义的本质区别。计划经济不等于社会主义，资本主义也有计划；市场经济不等于资本主义，社会主义也有市场。计划和市场都是经济手段”[①]。该年，建立社会主义市场经济体制写入中共十四大报告。从计划经济体制到市场经济体制，这个转变当中有一些相互联系、相互制约的环节。1993 年 11 月，《关于建立社会主义市场经济体制若干问题的决定》当中就提到了转换国有企业经营机制，建立现代企业制度，培育和发展市场体系，转变政府职能，建立健全宏观经济调控体系，建立合理的个人收入分配和社会保障制度等问题。

1999 年，《关于国有企业改革和发展若干重大问题的决定》把推进国有企业改革和发展当作一项重要而紧迫的任务，并且从几个方面对国有企业改革和发展提出了要求，包括调整国有经济布局，推进国有企业战略性改组，建立和完善现代企业制度，加强和改善企业管理，改善国有企业资产负债结构，减轻企业社会负担，做好减员增效、再就业和社会保障工作，加快国有企业技术进步和产业升级，为国有企业改革和发展创造良好的外部环境，建设高素质的经营管理者队伍等。

2003 年 10 月，《关于完善社会主义市场经济体制若干问题的决定》当中提到了推行公有制的多种有效实现形式，使股份制成为公有制的主要实现形式；鼓励、支持、引导非公有制经济发展；建立健全现代产权制度；建立健全国有资产管理和监督体制，完善公司法人治理结构，加快推进和完善垄断行业改革；加快建设全国统一市场，大力发展资本和其他要素市场，建立健全社会信用体系；完善国家宏观调控体系，转变政府经济管理职能，深化投资体制改革；分步实施税收制度改革，推进财政管理体制改革，深化金融企业改革，健全金融调控机制，完善金融监管体制；深化劳动就业体制改革，推进收入分配制度改革，加快建设与经济发展水平相

① 《邓小平文选》第 3 卷，人民出版社，1993，第 373 页。

适应的社会保障体系；营造实施人才强国战略的体制环境，深化科技、教育、文化、公共卫生、行政管理体制改革等方面。

改革的第三次飞跃，动力是区域发展。改革开放之后，中国东部沿海地区率先发展起来，但是随之而来的是区域发展不平衡的问题，能否缩小区域发展差距，使先富起来的地区带动别的地区发展起来，实现共同富裕，既关系着整个国民经济良性发展和社会和谐稳定，也关系着改革的进一步推进。为此，一系列关于促进区域发展的举措出台。

关于西部地区，1999 年，实施西部大开发战略被提出。2000 年 1 月，国务院西部地区开发领导小组成立。该年 10 月，国务院下发了《关于实施西部大开发若干政策措施的通知》。2001 年，国务院西部开发办会同有关部门制定了《关于西部大开发若干政策措施的实施意见》。2004 年，国务院出台《关于进一步推进西部大开发的若干意见》。在实施西部大开发战略 10 周年的 2010 年，《关于深入实施西部大开发战略的若干意见》出台。

关于东北地区，2003 年，《关于实施东北地区等老工业基地振兴战略的若干意见》出台。2007 年，国家发改委、国务院振兴东北地区等老工业基地领导小组办公室发布了《东北地区振兴规划》。2009 年，国务院出台《关于进一步实施东北地区等老工业基地振兴战略的若干意见》。

关于中部地区，2004 年国务院《政府工作报告》当中提出“促进中部地区崛起”。2006 年《关于促进中部地区崛起的若干意见》出台。2009 年，国务院批复《促进中部地区崛起规划》。2010 年，国家发改委印发《促进中部地区崛起规划实施意见》。2012 年，国务院出台《关于大力实施促进中部地区崛起战略的若干意见》。

实际上，在农村改革的最初几年，以城市为重点的整个经济体制改革也进行了许多试验和探索；在实施若干区域发展战略的同时，农村改革、城市改革也还在进行当中，并且逐渐向统筹城乡发展、统筹区域发展转变。不过，在这三次飞跃之后，当前中国社会发展仍然面临一些问题，比如资源环境的约束强化，城乡、区域发展不协调，收入分配差距较大等。那么，中国改革第四次飞跃的突破口在哪里？

二　民族文化产业如何引领改革

如果说民族文化产业是中国改革第四次飞跃的一个突破口，那么该怎么理解这样一种突破呢？邓小平谈道“革命是解放生产力，改革也是解放生产力”[①]。2013 年，《关于全面深化改革若干重大问题的决定》提出“进一步解放思想、解放和发展社会生产力、解放和增强社会活力，坚决破除各方面体制机制弊端”[②]。可见，改革就是要破除限制发展的障碍，是对生产力的解放，是对生产关系的调整。改革的三次飞跃分别解放和发展了农村生产力、城市生产力和区域生产力。那么还有什么生产力要解放和发展呢？

“科学技术是第一生产力”[③]。科学技术是文化的一部分，由此看来文化也是生产力。2004 年，中共十六届四中全会提出了“深化文化体制改革，解放和发展文化生产力”，第一次在中央正式文件中出现“解放和发展文化生产力”的提法。2005 年 12 月，《关于深化文化体制改革的若干意见》当中提出“全面推进体制机制创新，解

① 《邓小平文选》第 3 卷，人民出版社，1993，第 370 页。

② 《关于全面深化改革若干重大问题的决定》，《人民日报》2013 年 11 月 16 日第 1 版。

③ 《邓小平文选》第 3 卷，人民出版社，1993，第 274 页。

放和发展文化生产力，调动广大文化工作者的积极性和创造性”[①]。2009年，国家《文化产业振兴规划》当中提出“加快转变文化产业发展方式，进一步解放和发展文化生产力”。

2011年10月，《关于深化文化体制改革推动社会主义文化大发展大繁荣若干重大问题的决定》当中多次提到“文化生产力”的问题，指出“坚持推进文化体制改革，创新文化发展理念，解放和发展文化生产力，推动文化事业全面繁荣、文化产业健康发展”；对于中国文化领域面临的一系列新情况和问题，其中包括“文化产业规模不大、结构不合理，束缚文化生产力发展的体制机制问题尚未根本解决”；对于实现文化改革发展奋斗目标要遵循的重要方针，其中包括“坚持改革开放，着力推进文化体制机制创新，以改革促发展、促繁荣，不断解放和发展文化生产力，提高文化开放水平，推动中华文化走向世界，积极吸收各国优秀文明成果，切实维护国家文化安全”[②]。

2012年2月，文化部发布《“十二五”时期文化产业倍增计划》，指出“通过深化文化体制改革，构建有利于文化产业繁荣发展的体制机制，进一步解放和发展文化生产力，激发全社会的文化创造活力”。2012年，中共十八大提出“要深化文化体制改革，解放和发展文化生产力，发扬学术民主、艺术民主，为人民提供广阔文化舞台，让一切文化创造源泉充分涌流，开创全民族文化创造活力持续迸发、社会文化生活更加丰富多彩、人民基本文化权益得到更好保障、人民思想道德素质和科学文化素质全面提高、中华文化

---

① 《中共中央国务院发出〈关于深化文化体制改革的若干意见〉》，《人民日报》2006年1月13日第1版。

② 《关于深化文化体制改革推动社会主义文化大发展大繁荣若干重大问题的决定》，《人民日报》2011年10月26日第1版。

国际影响力不断增强的新局面”①。

对于当代的中国来讲，文化越来越成为民族凝聚力和创造力的重要源泉、综合国力竞争的重要因素、经济社会发展的重要支撑。发展文化产业是解放和发展文化生产力的重要方式，但发展文化产业并不像某些人认为的那样，有几个大型文化企业就行了，因为文化消费不是物质产品消费，文化产品的生产也不是物质产品生产，而是关系到消费者的精神世界。当初农村改革的经验是调动群众生产积极性，民族文化产业也要通过各民族的群众进行文化实践发展起来，要尊重群众的首创精神，这跟当年改革初期农村改革的情况是相通的。当初农村改革是为了摆脱贫困，解决温饱问题，是强调民生。今天全面建设小康社会，人民群众有了更高的生活要求，除了对物质产品的需求之外，还有更多精神需求。发展民族文化产业，让每个个体生命能够感受到文化繁荣给生活带来的喜悦，享受在文化体验和文化创造当中，也是强调民生。

在中国，发展民族文化产业是对中国文化生产力的解放和发展。民族文化产业对经济、政治、文化、社会、生态方面的建设都有着重要意义，体现了发展观和发展模式的转变。这些不都是中国进一步改革的关键点所在吗？由此可知，发展民族文化产业正可以引领中国改革的第四次飞跃。

三　中国对外开放的第四次飞跃

经济全球化的不断深入让世界上各个国家、各个地区、各个民

---

① 《坚定不移沿着中国特色社会主义道路前进为全面建成小康社会而奋斗》，《人民日报》2012 年 11 月 18 日第 1 版。

族之间的相互联系日益紧密。对于国家、地区的发展，或者民族的发展来说，已经不能在封闭状态下孤立地发展，而要采取开放的态度，为自身创造良好的发展环境。中国的对外开放大体已经历了三次飞跃。需要说明，这种划分并非单纯阶段的划分，主要表明对外开放的范围、程度、形式等方面比较大的变化。

第一次飞跃是沿海地区开放。1979 年，深圳、珠海、汕头、厦门试办出口特区，1980 年改称“经济特区”。选择这四个地方“主要是从地理条件考虑的，深圳毗邻香港，珠海靠近澳门，汕头是因为东南亚国家潮州人多，厦门是因为闽南人在外国经商的很多”[①]。1988 年又建立了海南经济特区。经济特区的创办，为中国的对外开放打开了一扇窗口，“特区是个窗口，是技术的窗口，管理的窗口，知识的窗口，也是对外政策的窗口”[②]。

1983 年 7 月，邓小平谈道：“要扩大对外开放，现在开放得不够。”[③] 1984 年初，邓小平到广东、福建视察 3 个经济特区，2 月 24 日在北京谈道：“除了现在的特区之外，可以考虑再开放几个港口城市，如大连、青岛。这些地方不叫特区，但可以实行特区的某些政策。”[④] 该年 3 月 26 日至 4 月 6 日，在北京召开了部分沿海城市座谈会，会议建议进一步开放天津、上海、大连、秦皇岛、烟台、青岛、连云港、南通、宁波、温州、福州、广州、湛江和北海 14 个沿海港口城市。围绕扩大城市权限和给予外商投资者若干优惠，对这些城市提出实行一些政策措施，主要包括放宽利用外资建设项目的审批权限，增加外汇使用额度和外汇贷款，积极支持利用外资、引进先

① 《邓小平文选》第 3 卷，人民出版社，1993，第 366 页。
② 《邓小平文选》第 3 卷，人民出版社，1993，第 51 ~ 52 页。
③ 《邓小平文选》第 3 卷，人民出版社，1993，第 32 页。
④ 《邓小平文选》第 3 卷，人民出版社，1993，第 52 页。

进技术改造老企业，对中外合资、合作经营企业及外商独资企业给以若干优惠待遇，逐步兴办经济技术开发区、大力发展进料加工出口等。5 月，国务院批复并转发了《沿海部分城市座谈会纪要》。

1985 年 1 月 25 ~ 31 日，长江、珠江三角洲和闽南厦漳泉三角地区座谈会在北京召开。会议提出将长江三角洲、珠江三角洲、闽南厦门漳州泉州三角地区开辟为沿海经济开放区，逐步形成贸—工—农型的生产结构，以进入国际市场为目标，根据出口贸易需要安排加工，按加工需要发展农业和别的原材料生产，大力发展工贸结合、农贸结合、技贸结合，开辟出口创汇新途径。2 月，《关于批转〈长江、珠江三角洲和闽南厦漳泉三角地区座谈会纪要〉的通知》当中公布了江苏省、浙江省、广东省、福建省、上海市纳入三个沿海经济开放区的市、县名单。1988 年 3 月 4 ~ 8 日，沿海地区对外开放工作会议在北京召开。会议结束后不久，国务院发出《关于扩大沿海经济开放区范围的通知》，除增加了江苏省、浙江省、福建省一些市、县之外，还将沿海经济开放区的范围扩大到天津市、河北省、辽宁省、山东省、广西壮族自治区的一些市、县。

1988 年 12 月 1 ~ 3 日，沿海地区对外开放工作会议在北京召开。会议认为要把治理经济环境、整顿经济秩序和实施沿海地区经济发展战略结合起来。1989 年 1 月，国务院批转《沿海地区对外开放工作会议纪要》。

沿海地区在对外开放当中，吸收利用外资，引进技术、设备和管理方式，扩大进出口贸易，发展外向型经济，比如“三来一补”（来料加工、来样加工、来件装配、补偿贸易），这些措施让东部沿海地区的经济率先发展起来。

第二次飞跃是沿江、沿边和内陆开放。1990 年 4 月，国务院同意开发开放上海浦东。5 月 3 日，上海市人民政府浦东开发办公室和浦东开发规划研究设计院举行挂牌仪式。6 月，国务院批准设立外高桥保税区，9 月正式启动。9 月，国务院批准《关于上海浦东新区鼓励外商投资减征、免征企业所得税和工商统一税的规定》《中华人民共和国海关对进出上海外高桥保税区货物、运输工具和个人携带物品管理办法》。1991 年初，邓小平视察上海时谈道："开发浦东，这个影响就大了，不只是浦东的问题，是关系上海发展的问题，是利用上海这个基地发展长江三角洲和长江流域的问题。抓紧浦东开发，不要动摇，一直到建成。"[①] 1992 年 10 月，国务院同意设立上海市浦东新区。

1992 年 3 月，国务院发布了《关于进一步对外开放黑河等四个边境城市的通知》，四个边境城市包括黑龙江省黑河市、绥芬河市，吉林省珲春市和内蒙古自治区满洲里市。1992 年 6 月，国务院发布了《关于新疆维吾尔自治区进一步扩大对外开放问题的批复》，提出进一步开放乌鲁木齐市和伊宁市、博乐市、塔城市三个边境城市。同日，国务院还发布了《关于进一步对外开放南宁、昆明市及凭祥等五个边境城镇的通知》，其中边境城镇包括广西壮族自治区的凭祥市、东兴镇，云南省畹町市、瑞丽县、河口县。1992 年 7 月 30 日，国务院发布了《关于进一步对外开放重庆等市的通知》，提出"开放重庆、岳阳、武汉、九江、芜湖等 5 个长江沿岸城市，哈尔滨、长春、呼和浩特、石家庄等 4 个边境、沿海地区省会（首府）城市，太原、合肥、南昌、郑州、长沙、成都、贵阳、西安、兰州、西宁、银川等 11 个内陆地区省会（首府）城市"，同日还发布了《关于进一步对外开放二连浩特市的通知》。这些文件的主要精神是在被批准进一步对外开放的长江沿岸城市，

① 《邓小平文选》第 3 卷，人民出版社，1993，第 366 页。

边境、沿海、内陆地区省会（首府）城市“实行沿海开放城市的政策”，对边境城市（县、镇）提出鼓励发展边境贸易和开展投资、技术、劳务等多方面的对外经济合作，对符合条件的农产品加工、企业技术改造、外商投资企业等进行税收减免，允许具备条件的市（县、镇）划出一定区域，兴办边境经济合作区，等等。这些举措扩展了中国的对外开放地带，形成了从沿海到沿江、沿边、内陆的对外开放格局。

第三次飞跃是中国深入参与经济全球化。进入21世纪，中国于2001年12月加入世界贸易组织（The World Trade Organization，WTO），该组织成立于1995年1月1日，总部设在瑞士日内瓦，前身是关税与贸易总协定（General Agreement on Tariffs and Trade，GATT）。

中国成为世界贸易组织成员可以享受最惠国待遇、国民待遇等权利，可以利用世界贸易组织争端解决机制，从而增加了解决国际贸易纠纷的办法，同时也要履行在降低关税、市场准入等方面的承诺。这些对中国经济多个方面会产生影响，比如对外贸易、吸引外资的能力、中国企业到国外投资、对外承包工程与劳务合作等。由于外国企业、外国货物和服务的进入，增加了竞争，还会加快国内产业结构调整。同时，在考虑世界贸易组织规则的情况下，中国清理、修订、新颁布一批与国内外贸易、外商投资、对外经济合作、知识产权保护相关的法律、法规、规章，还进行行政管理体制改革，转变政府职能①。

经过了这三次飞跃，中国基本形成了全方位、宽领域、多层次的对外开放格局。不过，在这三次飞跃之后，当前中国在对外开放

① 于广洲：《关于我国加入世贸组织以来有关情况的报告》，《中华人民共和国全国人民代表大会常务委员会公报》2004年第1期。

方面还面临一些问题，比如国际局势风云变幻，局部地区的动荡时有发生，国际贸易保护主义盛行，国际贸易摩擦不断，中国遭遇较多的反倾销调查、反补贴调查，国际金融危机造成的外需疲软影响中国出口增长等。那么，中国对外开放第四次飞跃的突破口在哪里呢？

四　民族文化产业如何引领对外开放

如果说民族文化产业是中国对外开放第四次飞跃的一个突破口，那么该怎么理解这样一种突破呢？这就要分析世界形势以及发展民族文化产业对中国的对外开放有哪些作用。

从全球范围来看，当今世界，文化在综合国力竞争中的地位和作用更加凸显。世界上许多国家都在加紧通过各种文化手段对外扩展自身的影响力。在对外文化输出当中，通过发展文化产业，利用文化产品和服务抢占国际文化市场是一种重要的手段。美欧各国在对外文化输出上显示出一种较强的压力。美国一方面通过国际广播电台、电视、网络等媒体进行对外宣传，另一方面生产出电影、音乐、图书等文化产品向全世界输出其文化。亚洲的日本、韩国等在对外文化输出方面也不遗余力。日本的动漫产品、韩国的影视剧成为对外输出的重要文化产品。这种方式不仅会冲击那些输入地的本土文化，还会对当地人们的文化消费倾向产生影响，而且还宣传了输出国想要表达的某种价值观念。在这样的形势下，增强国家文化软实力和中华文化的国际影响力，维护国家文化安全，成为中国进一步对外开放的长距离战略。

2013 年，《关于全面深化改革若干重大问题的决定》指出“扩大对外文化交流，加强国际传播能力和对外话语体系建设，推动中华文化走向世界”，“培育外向型文化企业，支持文化企业到境外开拓市场”[①]。面对新一轮全球化竞争，中国如果不能抓住自身民族文化资源丰富的优势形成具有自身特色的民族文化产业，不能将体现中华文化博大精深的文化产品、文化服务输送出去，又何谈增强中华文化的国际影响力和感召力？

中国发展民族文化产业，不仅要开发利用传统文化资源，还要体现出中国人对时代的思考。发展民族文化产业当中包含了增强自主创新能力、自主研发、具有自主知识产权等含义。在具体操作上，国家《文化产业振兴规划》提出“重点扶持具有民族特色的文化艺术、展览、电影、电视剧、动画片、网络游戏、出版物、民族音乐舞蹈和杂技等产品和服务的出口”。文化部《关于加快文化产业发展的指导意见》提出“积极开发具有民族特色、健康向上和技术先进的新兴娱乐方式，创新娱乐业态”，“增强游戏产业的核心竞争力，推动民族原创网络游戏的发展，提高游戏产品的文化内涵”，“打造文化旅游系列活动品牌，扶持具有地方、民族特色的文化旅游项目”，“支持具有民族传统文化特色的设计产品的国内外推广”。

从中国的周边形势来看，一方面，东海问题（如钓鱼岛问题）、南海问题（如黄岩岛问题）等与周边国家之间在海上的争议性问题既有着深刻的历史文化背景，还掺杂着复杂的意识形态和社会文化因素。另一方面，中国与周边国家和地区的贸易比重也在提高。2010年1月1日，中国－东盟自由贸易区正式建立。2010年，中国前十大货物贸易伙伴当中，中国对日本（10%）、东盟（9.8%）、韩国（7.0%）、印度（2.1%）的货物贸易加在一起已经与中国对欧盟（16.1%）、美国（13.0%）的货物贸易之和大体相当[②]。在这样的

① 《关于全面深化改革若干重大问题的决定》，《人民日报》2013年11月16日第1版。

② 中华人民共和国国务院新闻办公室：《中国的对外贸易》，《人民日报》2011年12月8日第14版。

形势下，将中国的边疆民族地区转变为对外开放的前沿，这是中国进一步对外开放的周边战略。

2011 年，《中华人民共和国国民经济和社会发展第十二个五年规划纲要》当中在“加快沿边开放”部分指出“把黑龙江、吉林、辽宁、内蒙古建成向东北亚开放的重要枢纽，把新疆建成向西开放的重要基地，把广西建成与东盟合作的新高地，把云南建成向西南开放的重要桥头堡，不断提升沿边地区对外开放的水平”[①]。2012 年，国家发展和改革委员会在《西部大开发“十二五”规划》当中对边疆民族地区的开放做了更为细致的描述，见表 14 - 2。

表 14 - 2 《西部大开发“十二五”规划》对边疆民族地区开放的要求

类型	地区	具体要求
重点经济区	北部湾地区	中国面向东盟国家对外开放的重要门户，中国 - 东盟自由贸易区的前沿地带和桥头堡
	天山北坡地区	中国面向中亚、西亚地区对外开放的陆路交通枢纽和重要门户
	滇中地区	中国连接东南亚、南亚国家的陆路交通枢纽，面向东南亚、南亚对外开放的重要门户
重点沿边开放地区	内蒙古	向北开放重要桥头堡，深化内蒙古与俄罗斯、蒙古等国家的经贸合作与技术交流，发挥内引外联的枢纽作用
	新疆	向西开放门户，深化新疆与中亚、西亚、南亚及欧洲国家的合作，加快与内地及周边国家物流大通道建设，发挥上海合作组织作用
	广西	东盟合作高地，以广西为核心，建设并完善与东盟合作平台，在中国 - 东盟自由贸易区中发挥更大作用，增强参与国际经济合作和竞争的能力
	云南	向西南开放重要桥头堡，深化大湄公河次区域合作，加强云南与东南亚、南亚、印度洋沿岸国家合作，建设西南出海战略通道

资料来源：根据《西部大开发“十二五”规划》整理。

① 《中华人民共和国国民经济和社会发展第十二个五年规划纲要》，《人民日报》2011 年 3 月 17 日第 1 版。

在把边疆民族地区转变为对外开放前沿当中，民族文化产业扮演着重要角色。中国有丰富的民族文化资源，通过发展民族文化产业，吸引周边国家和地区的游客到边疆民族地区了解和体验各种民族文化，如品尝民族饮食、参观民族建筑、观看民族歌舞表演、购买民族工艺品、参加民族节庆活动等，能够加深与周边国家和地区的相互了解，增进友谊，为各民族发展营造安定和谐的边疆文化环境。发展民族文化产业，还可以促进区域或次区域经济合作，为国际大通道构建、能源资源开发合作等打好基础，比如利用各种民族特色节庆的机会，开展经贸洽谈，举办展览和论坛活动，开展对话。

索引

Index

A

B

C

F

H

J

K

L

M

N

P

Q

R

S

T

W

X

Y

图书在版编目（CIP）数据

文化产业与中国改革开放/孟航著. —北京：社会科学文献出版社，2014.3
ISBN 978－7－5097－5623－2

Ⅰ.①文… Ⅱ.①孟… Ⅲ.①文化产业－关系－改革开放－研究－中国 Ⅳ.①G124 ②D61

中国版本图书馆CIP数据核字（2014）第016654号

文化产业与中国改革开放

著　　者／孟　航

出 版 人／谢寿光
出 版 者／社会科学文献出版社
地　　址／北京市西城区北三环中路甲29号院3号楼华龙大厦
邮政编码／100029

责任部门／社会政法分社（010）59367156　　责任编辑／王　玮　秦静花
电子信箱／shekebu@ssap.cn　　责任校对／代琼平
项目统筹／童根兴　　责任印制／岳　阳
经　　销／社会科学文献出版社市场营销中心（010）59367081　59367089
读者服务／读者服务中心（010）59367028

印　　装／三河市东方印刷有限公司
开　　本／787mm×1092mm　1/16　　印　　张／15.25
版　　次／2014年3月第1版　　字　　数／216千字
印　　次／2014年3月第1次印刷
书　　号／ISBN 978－7－5097－5623－2
定　　价／59.00元